地域ブランディング選書
1

吉野・大峯
"憧れ"と"安らぎ"の聖地ブランド

原田保・北岡篤 編著
地域デザイン学会 監修

空海舎

Contents

04 はしがき
原田保・北岡篤

07 プロローグ
"憧れ"と"安らぎ"の聖地ブランドとしての「吉野・大峯」
原田保

19 第1章
吉野の地勢が生み出す豊かな歴史と文化
——「川」の吉野と「山」の吉野を楽しむ
椿本久志・古賀文子・紙森智章

35 第2章
「吉野・大峯」の"聖地性"によるコンテクスト創造
——「吉野・大峯」というゾーンデザインによる価値発現
鈴木敦詞

53 第3章
歴史と人物と産品を一体化した歴史遺産の物語化
——コンステレーションデザインによる価値創造
武中千里

93 第4章
アクターズネットワークによる地域ブランディング
——歴史と伝統産業を捉えた地域プロデューサーへの期待
紙森智章

111 第5章
トポスの価値創造に向けたエリア別ブランディング
——「吉野・大峯」を構成するトポスの地域価値
八釣直己

125 第6章
吉野町と諸周辺地域との広域ブランディング
——明日香・天川・熊野など、吉野ブランドを中心にした地域連携
西久保智美

145 エピローグ
吉野町の今後を見据えた将来展望
——明日への希望と期待
北岡篤

154 吉野町に関する基本情報
156 吉野町関連年表

はしがき

　さて、奈良県吉野町の存在を知らない日本人はめったにいないであろう。それなのになぜ、いま吉野町に「地域ブランディング」が必要なのか。それは、吉野という地名が多くの人びとに認知されていることが、そのまま直接的に地域ブランドの価値発現に結びついていないからである。ここに、地域デザイン学会の知見が登場する意味が見出される。

　大海人皇子、後醍醐天皇、役小角、西行。吉野について、多くの人は子供の頃に接した教科書に登場する偉人と関連する地名として、記憶しているであろう。それにもかかわらず、吉野という地域が日本の地図のどこに位置して、どういう歴史をたどってきたのか、という総合的な理解がなされていないのが実態である。それは、吉野がこれまでずっと、歴史的・文化的により広い視点から地域ブランディングを行う努力を怠ってきたからであろう。

　吉野という地名が人びととの強い心情的な結びつきを構築することができなかった大きな要因の1つが、実はあまりに著名な「桜」の存在である。これはすなわち、従来吉野は、吉野山の「吉野桜」という観光コンテンツのみでもっぱらブランディングされてきたことを意味する。しかし、桜はまさに日本を象徴する花であり、全国に多様な桜の名所が存在するため、地域ブランディングにとって重要な「唯一性」が欠落したコンテンツだといえる。

　多くの人はひたすら吉野の桜を求め、地域としての吉野の歴史や文化にはさほど関心を向けない。観光客は春の桜の季節である4週間ほどしか吉野を訪れず、地元の商店もこの季節にしか商売に熱を入れない。それゆえ吉野町は、吉野桜という我が国有数のコンテンツを有しながら、長期的かつ多面的な人と地域の結びつきを形成することができず、観光客のなかには町自体の歴史的な記憶はほとんど何も残らないというのが実情である。

原田保　北岡篤

しかし、地域をブランディングしていくには、このことが大問題になってくる。吉野桜などというある1つのコンテンツがたとえ優れたものであっても、コンテクスト＝文脈のなかで正しく位置づけられて人びとの心と結びつけられなければ、持続可能な地域ブランドの価値発現は難しい。そこで、コンテクストによって地域を総合的に捉えれば、多様で包括的な地域と人との関係性が生まれることになり、しかもそこにアクターズネットワークによる共創的な地域ブランディングの可能性が現出する。これはすなわち、地域ブランディングはコンテンツレベルではなくコンテクストレベルで行うことが不可欠であることを意味しており、それゆえ地域ブランディングは「コンテクストデザイン」によって追求することが期待される。本書はこのような観点に立脚することによって、吉野町の地域ブランディングについても、まさにコンテクストデザインから検討しながら新たな提言を行うべきであるとの認識から様々な議論が重ねられる。

　周知のように、誰もが知る奈良・京都・鎌倉はすべて、吉野とは比較にならないほど高い地域ブランド価値を有している。それは、これら3つの地域はコンテクストによる地域ブランドが確立しているからである。奈良は国の歴史のはじまり、京都は貴族文化の形成、そして鎌倉は武家文化の確立というそれぞれの歴史的・文化的なコンテクストによってブランディングが行われている。

　そこで、数多くの優れたコンテンツが見出される吉野においても、新たな地域ブランドの確立へ向けて、"憧れ"と"安らぎ"の聖地ブランドという「精神性」を強調したコンテクストが本書では示される。人は自身の生活や仕事、そして夢との関係において地域とのつながりを実感する。吉野の地に"憧れ"と"安らぎ"を求めた歴史上の偉大な人物に思いを重ねて吉野の様々な場所を訪ねれば、その経験はわれわれ現代人の心の奥底にコンステレーション（星座）としてくっきりと刻印されることになる。こうして、地域ブランディングにおけるアクターズネットワークの形成に歴史上の人物を活用することによって、吉野という地域ブランドの価地発現は従来とは比較にならないほど大きくなってくる。

　さらに、ここでは、吉野町に隣接する「大峯」の戦略的取り込みが追求される。「吉野・大峯」といえば世界遺産「紀伊山地の霊場と参詣道」の一部として知られてお

り、この世界遺産の主たる対象は熊野・高野・吉野である。しかし、前者2地域が和歌山県にあることや世界遺産の名称に「紀伊」という地名がついているため、奈良県の吉野町にとって「紀伊山地」というゾーニングによるブランディングはあまり望ましくない。

　そこでわれわれ地域デザイン学会が考案したのが、かつて旧吉野町の飛地であった天川村の大峯地区を、吉野での地域ブランディングへ取り込むことである。こうすることで、吉野ブランドへの紀伊や和歌山の影響力を回避することができるし、桜の吉野という伝統的なブランディングからの解放が実現される。このように、「吉野・大峯」という新たなゾーニングを行い、修験の聖地である大峯を地域ブランディングに活用することによって、吉野における数多くのコンテンツに加えて、宗教的な色彩の濃いスピリチュアルなブランドイメージの形成も可能になってくる。

　こうすることで、従来型のやみくもに観光コンテンツ開発を進める地域デザインから、歴史的・文化的コンテクストを捉えて地域全体の価値を高める統合的な地域デザインへ、まさに手法の転換が実現する。その意味では、コンテクストデザインから地域を捉えることは、「吉野・大峯」というゾーニングへの変更と新たなブランドの選択からスタートすることになる。

　本書の出版は、地域デザイン学会と地域行政を担う首長とのコラボレーションによって実現することになった。優れた観光コンテンツをもちながらも、いまだに総合的な地域ブランドを確立することができていない地域において、この著作で示された提言を活用していただくことを大いに期待する。なお、今後も学会としては、このような地域ブランディングの共同研究を、多くの他の地域でも行っていきたいと考えている。

2015年3月1日
原田保　北岡篤

プロローグ

"憧れ"と"安らぎ"の聖地ブランドとしての「吉野・大峯」

原田保

はじめに ── 吉野の地域ブランド価値の発現に向けた戦略視角

　吉野といえば、かの「桜の吉野」であることは、ほとんどの日本人がよく知っている。しかし、それ以外のことを吉野から想起できる人は、現時点ではさほど多くはいない。

　それに、桜の季節は春の約1か月間という短い期間にすぎない。それゆえ、吉野という地名はよく知られているが、それでも「桜の吉野」という地域ブランドの価値はいまひとつ広がりに欠ける状態である。

　それゆえ、これが吉野という地域に与える年間通しての経済効果もいま以上に大きな期待をもつことはできない。その結果としてか、ここ吉野町の人口は近年ずっと縮減傾向を余儀なくされている。

　つまり、以上から理解すべきはこのままの状態では町の先行きが見えない、ということである。それゆえ、吉野の明るい未来を見通せるような地域デザインの構築が不可欠になる。そのためには、既存の数多ある優れたコンテンツを戦略的に活用した、それこそ地域ブランディングの推進が急務の課題になっている。

　そこで吉野町においては、他の多くの地域と比較すればあり余るほど存在する優れたコンテンツの戦略的な意味づけと、これに沿ったコンテンツの絞り込みを行うことが期待される。つまり、これらの豊富なコンテンツを通じた地域価値の発現に向けた、効果的なコンテクスト[1]に依拠した地域ブランディングの展開が必要になる。

　このような認識から、本書では、筆者らが構築した地域デザインモデル（ZTCAデザインモデル[2]）を参考にしながら、吉野町の地域ブランディングに関わる提言が試みられる。これはすなわち、吉野における地域価値の増大に向けた戦略的対応について、特に吉野という地名を捉えた地域ブランドの確立に向けた提言で

ある。

　結論から先に述べれば、吉野町のための地域ブランディングとは、本書のタイトルにもなっている"憧れ"と"安らぎ"の聖地ブランド＝「吉野・大峯」ということになる。しかし、この構想の実現に向けては、以下のような第1から第3までの具体的な視座の設定が不可欠になる。

　すなわち、第1が「どこが「吉野」なのか？＝それは「吉野・大峯（旧吉野町飛地）」である！」、第2が「何が「吉野」なのか？＝それは"憧れ"と"安らぎ"の体験である！」、第3が「誰が主役なのか？＝それは過去から現在に至る著名人たちである！」という3点である。

1. どこが「吉野」なのか？　＝それは「吉野・大峯（旧吉野町の飛地）」である！

　さて、吉野町という地名を聞いた際に奈良県の吉野町を想起することはあっても、一部の東京や横浜近郊の住民を除けば、我が国のほとんどの人は横浜市の吉野町[3]を想起することはない。しかし、首都圏をはじめとする関西以外の住民は、奈良県にある吉野町が我が国において最高の桜の名所であることはよく知っていても、その地域が一体奈良県のどこにあるのかについては正確には知らない。

　吉野町は「桜」によってある程度地域ブランディングがなされているが、いまだに本格的な地域ブランドの確立には至っていない。つまり、ここでは「桜」がブランディングの対象であって、「吉野」が対象ではないのである。これこそが、現在の吉野という地名に見出される重大な問題点である。

　このことは、現時点では吉野の可能性を正しく捉えた統合的な地域ブランディング戦略が打ち出されていないことを意味する。それゆえ、今後は「どこが吉野なのか？」という問いに対して明確に答えられることが不可欠になる。すなわち、吉野という地名が地域ブランドとしての効果を発揮できるゾーンの確定が急務の課題になっている。また、これを踏まえた吉野のブランド価値の最大化に向けた、地域としてのブランド・アイデンティティの確立が必要であることも意味する。

　本書で考察する吉野とは、まさに一言でいうならば、奈良県の中央部に位置する主に山間部にある地域である。また、関西の過半を占める紀伊半島[4]のいわば重心としての位置を占める地域でもある。その意味で、吉野は奈良県にあるともいえるし、これを含めた紀伊半島にあるともいえる。しかし、そうなると、吉野の地理的範囲が一体どこまでを指すのかという、地域ブランディングのためのゾーニングが不明確になる。

そこでまず、この吉野という地名から想起される地域としての範囲について簡単に言及しておきたい。歴史的に「吉野」と呼ばれてきたゾーンはかなり曖昧であり、実際には時代によって流動するゾーンとして捉えられてきた。しかし現在において、地域としての吉野は行政単位上の2つのゾーンから構成されると推察できる。これは周知のように、その1つが現在の吉野町であり、もう1つがこれを含むより広域のゾーンである吉野郡[5]である【図表1】。

図表1 「2つの吉野」＝吉野町と吉野郡

　前者の吉野町の場合、筆者はそれなりに明確な地域ブランディングが可能なゾーンであると考えている。このことは、桜や修験道[6]の吉野山という、主に吉野町の山間部を捉えた地域ブランディングが、それなりに有効に機能することを意味している。
　しかし、このような吉野町に限定する地域ブランディングには、以下のような問題点が見て取れる。そして、これらの問題点の存在によって、「吉野ブランド」が地域ブランドとして矮小化されてしまう懸念を払拭できず、地域ブランディングに関わる戦略上の誤謬が生じるおそれもある。吉野町に限定したゾーニングの問題点を列挙するならば、概ね以下の3点に要約できる（武中、2013）。

　　①桜への過度の依存体質。
　　②「紀伊山地の霊場と参詣道」という名称によってもたらされる世界遺産としての吉野の従属的な位置づけ。
　　③山岳信仰に対する一般人が感じる敷居の高さ。

　第1の問題点である「桜への過度の依存体質」は、吉野の桜がそれこそあまりにインパクトが強いために、他の優れたコンテンツを見えにくくしてしまう。確かに、

吉野の地域ブランディングにとっては、吉野山の桜が日本一の桜であるとの評価が多大な貢献を果たしている。しかし、そうなると、吉野の地域ブランドの価値は、まさに一年中で桜のシーズンであるたった1か月間しか発現しない。

　第2の問題点は、「紀伊山地」という名称によって想起される世界遺産のイメージのなかでの吉野の立ち位置である。確かに、紀伊半島の世界遺産[7]のすべてが紀伊山地の霊場であるには違いない。しかしそれでは、熊野・高野がかつての紀伊国であった和歌山県にあることもあってか、この世界遺産全体が現在の和歌山県のイメージに引きずられてしまう。

　特に、通称の「熊野・高野・吉野」というセットで表示されてしまうと、あたかも吉野も和歌山県にあるように誤解される。吉野にとってそれなりのメリットが享受できることは明白であるが、しかしそれでも紀伊、すなわち和歌山県にある熊野や高野ほどには、世界遺産による地域ブランディングの効果は大きくない、と推察される。

　第3の問題点は、山岳信仰に対して、一般の人がややもすると感じてしまう敷居の高さである。すなわち、多くの人々にとっては、吉野を本拠地にする修験道が大変厳しい修行を伴うこともあってか、手軽な観光気分で訪れるには心理的な困難が伴うトポス[8]であることを意味する。これらのことを考慮するならば、吉野のゾーンデザインについては、以下のような発想が浮上してくる。

　まず第1の問題点の克服には、吉野山の範囲よりも広大なゾーンデザインが必要になる。

　続く第2の問題点の克服には、吉野を熊野や高野のイメージからは明確に切り離すことが望ましい。

　最後に第3の問題点の克服には、大衆化された吉野をあえて女人禁制の大峯とセットにすることによって、高質な感性をもつ女性グループの間においても、スピリチュアリティを強調した体験型旅行への期待が高まるであろう。もちろん、このような対応は修験道に関わる宗教家や専門家からの理解をえることが必須の条件になる。

　以上のことから、今後、奈良県吉野郡吉野町において地域ブランディングを行うためには、吉野町という町単独でのゾーンデザインではなく、これより広域の「吉野・大峯」というゾーンを明確に浮かびあがらせる方法が有効になる。

　この場合には、前者の吉野は吉野町を、後者の大峯は現在の吉野町に隣接する天川村の一部である大峯区域を指している。しかし、かつて大峯は吉野町の飛地だったことがあり、もしも吉野町と天川村に含まれる大峯をセットにしても、そ

れこそ歴史的にも文化的にもさほど大きな違和感は生じない。

このような「吉野・大峯」をワンセットの戦略的ゾーンに転換するならば、確かに、桜一辺倒のイメージを超えて、修験道を捉えた非日常的な日本の霊的体験を、まさに吉野町の地域ブランディングに活用できる。また、たとえ真冬の間は無理にしても、桜の季節のみに訪れる地域であるという固定的なイメージからの脱却が可能になる。

さらにこうすることによって、世界遺産において大峯奥駈道は奈良から熊野三山への参詣道であり、吉野山と熊野を結びつける修験者のための道であることから、大峯奥駈道を吉野と熊野との間にあるトポスとして、熊野からは独立しているイメージをもたせることによって、「吉野・大峯」の地域ブランディングを推進できる[9]【図表2】。

図表2

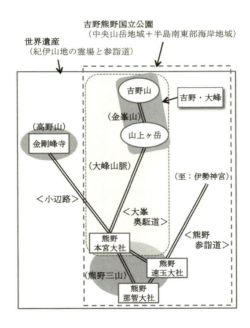

2. 何が「吉野」なのか？＝それは"憧れ"と"安らぎ"の体験である！

それでは、「吉野・大峯」によってゾーンデザインされる吉野町における地域ブランディングは、一体何によって行えばもっとも効果的な地域価値を発現することになるのか、について考察する。

この「吉野・大峯」には、数多くの優れた歴史的・文化的コンテンツが見出される。

なお、これらの豊富なコンテンツについては、様々な時代に広く分散しており、またその領域についても多様な相貌を示している。

　たとえば、修験を中心にした宗教的な世界や、桜を捉えた秀逸な自然景観、その周囲に見出される多種多彩な無形文化などのコンテンツが、さほど広くはない「吉野・大峯」というゾーンにかなりの高密度で集積しているという特徴がある。地域ブランディングのためのコンテンツ探しに大変な苦労をしている地域が多いなかで、「吉野・大峯」は恵まれた環境にある。

　しかし、このような豊富すぎるともいえるコンテンツの存在が、実は地域ブランドの確立とその展開を困難にしてもいる。すなわち、この地域がいわば地方の田舎としてはあまりにも優れたコンテンツを数多く保持しているためか、それらを単なるコンテンツの羅列として無為に外部に発信しているのが実態であろう。それゆえ、統合的な地域ブランドとしてのメッセージ性はきわめて脆弱である。

　このような状況からの脱却を図るためには、地域ブランドの価値を最大限に現出させるコンテクストの創造による、ある種のコンステレーション（constellation）[10]デザインが、それこそ不可欠になってくる（原田、2013）。本書においては、現在考えられる吉野の地域ブランドの価値を増大させるいくつかのコンテクストデザインに関わる提言が試みられる。実は、ここにふさわしいコンテクストは、少し考えればすぐに思い浮かべられる。

　第1は「都・吉野」というコンテクスト。

　第2は「修験の霊場」というコンテクスト。

　第3は「春の桜と秋の紅葉」を含めた秀逸な吉野山の景観を捉えたコンテクスト。

　これらのコンテクストは、すべて吉野における地域ブランディングにかなり有効なアプローチである。しかし、大きな問題点が潜んでいる。それは、これらのコンテクストが、それぞれ吉野の魅力の一端しか捉えていないからである。

　確かに、吉野は後醍醐天皇の南朝が存在したトポスなのだから、都[11]と称してもよい。しかし問題は、この史実を想起させる具体的なコンテンツ（史蹟）が、現在の吉野にほとんど何も見出せないことである。

　なお、都を捉えたコンテクストデザインによって地域ブランディングが効果的に行われている地域としては、たとえば、京都や奈良（都・明日香、平城京）、あるいは実際には都ではないものの、政権の中心地であった鎌倉や江戸（東京）があげられる。吉野をこれらの地域と比較するならば、吉野は都としてのコンテクストやコンテンツの厚みにおいて、他の地域に対して強い競争力をもちえていないことは明白である。

また、もしも修験者のメッカ[12]であることにフォーカスするならば、確かに、我が国でもっとも由緒ある修験道の聖地として地域ブランディングを行うことは可能である。これはすなわち、聖地を捉えた宗教指向からの地域ブランディングになる。

　それでも、単に修験道の聖地であるというだけでは、現在では修験道自体がマイナーな存在であるために、地域ブランドとしての圧倒的なアイデンティティを確立することはいささか困難である。特に、グローバルな聖地トポスとして認知されるまでにはかなりの時間を要してしまう。

　また、吉野が桜や紅葉に代表される美しい景観をコンテクストにして地域ブランディングを行うことには、そもそも限界がある。確かに、これによる地域ブランディングは、一定程度の効果を発揮する。しかしそれでも、このような景観は、我が国では多くの地域に見出される。しかも、景観を楽しむ「物見遊山」については、当然ながら、交通の便がよい大都市の近隣地域の方が競争力があることは自明である。それゆえ、吉野がいかに優れた景観を誇るといっても、それだけでは、吉野が他の地域に対して比較優位性を保持できるかどうかは、まさに不透明なのである。

　そうなると、これらの3つのコンテクストの限界を乗り越える効果的なコンテクストの構想が期待される。それゆえ筆者は、これらのコンテクストのすべてをまとめて吸収できるより強力なコンテクストとして、本書で提唱される"憧れ"と"安らぎ"の体験というイメージが有効に機能すると考えている。

　このようなコンテクストに鑑みれば、歴史上の様々な著名人が、まさに吉野に"憧れ"を抱き、"安らぎ"を求めて訪れたことが見えてくる。そして吉野は、我が国を代表する歴史上の権力者や文化人が、皆それぞれに自らの鋭気を養い、明るい未来を構想してきたトポスであることが理解される。

　一般的に、歴史への関心からある土地を訪れる人には、単なる観光客に比較して、長期滞在や繰り返しの滞在を指向する特徴が見て取れる。そこで、吉野においては、"憧れ"や"安らぎ"というコンテクストによって現出する複数のトポスを結びつける地域デザイン、つまりコンステレーションデザインが地域価値の増大のために求められる。

　実は、このような長期間かつ何度も滞在したいと感じさせるトポスとしての位置づけは、それこそ吉野の歴史のはじまりの時代から今に至るまで、ずっとこの地に期待され続けてきた。このような特徴を捉えた地域ブランディングを行うためには、吉野の過去を回想するばかりではなく、むしろ未来に向けてその地域価

値を発現させるための新たなコンテクストが欠かせない。そして筆者は、ここで提言する"憧れ"の地であり、同時に"安らぎ"の地である[13]というコンテクストこそが有効に機能すると考えている。

3. 誰が主役なのか？＝それは過去から現在に至る著名人たちである！

さて、地域デザイン学会に関わっている人々にとっては、地域価値を増大さるためには、前述したゾーンデザイン、トポスデザイン、コンステレーションデザインの効果的な実践とそれらの連携が不可欠であることは、すでに周知のことであろう。しかし、もしも、地域ブランディングを実際に現地で実践する担い手がいなければ、どんな優れた計画も陽の目を見ることはない。

地域の内外から現れる担い手は、それぞれの地域に何らかの強い関係性をもっていて、これに依拠しながら地域価値の発現に向けて活動する、いわばプロデューサーになることが期待される。このようなプロデューサーを、地域の出身者か否かを問うことなしに、筆者の主張するZTCAザインモデルにおいては「アクター」と呼んでいる。

地域のために活躍するアクターたちは、通常、地域デザインや地域ブランディングの中心的な担い手になる。アクターは、前述のように、地域の内部に現れる場合と外部から現れる場合がある。前者の地域の内部から現れるアクターの代表的な事例としては、かの熊本県黒川温泉の新明館館主である後藤哲也[14]があげられる。また、後者の外部から現れるプロデューサーの事例としては、現代アート（コンテンポラリーアート）によってグローバルなレベルで香川県の直島や瀬戸内の地域ブランディングに成功した北川フラム[15]があげられる。

このように、プロデュース機能を担う人材が存在することが、地域の再生や振興には欠かせない条件になる。しかし吉野町には、現時点ではここで紹介した2人に匹敵する名プロデューサーの姿は見出せない。そうなると、アクターの確保が、今後の地域デザインにおける急務の課題になる。つまり、このようなハンディキャップを補う方法を探る必要がある。

そこで、筆者が考えたのが、過去に実在した歴史上の著名人をアクターとして効果的に活用する方法である。これらのアクターについては、現在においても日本全国の数多くの人々に広く認知されている人物であることが要請される。つまり、ここでの構想は、吉野という地域にゆかりのある過去の人物を、現在および未来のアクターとして活用することによって、現実のアクターの不在を補おうと

いうものである。

　そこで以下においては、歴史上のアクターになりうる著名な人物を抽出する。しかし、これらのアクターを、吉野の明るい未来の実現に向けて、地域価値を増大させるために活用するには、それを可能にする優れたシナリオやドラマツルギー[16]を現出させるプロデューサーが必要になることには変わりはない。

　そこで、本プロジェクトメンバーである我々執筆者一同は、この吉野町の地域価値の発現を可能にするためのシナリオを早期に作成すべく、まさに地域デザイン学会と吉野町との共創体制による研究を推進させることにした。また、町長をはじめとする吉野町からの本書執筆メンバーが、現時点ではプロデューサーとしての役割を担うことが期待される[17]。

　そして彼らが、ここで提言されるシナリオによって歴史上の著名人をアクターと捉えて活躍させる様々な企画や制度を構築することが必要になる。また、このような活動に対する町の住民の積極的な参画も、大いに期待される。そこで以下においては、吉野の未来を創造するアクターとして大いに活躍するであろう、何人かの歴史上の人物についての簡単な紹介を行う。

　筆者は、吉野がまさに"憧れ"の地、そして"安らぎ"の地としてのアイデンティティを確立するには、ここで紹介するアクターたちの現在における活躍が不可欠になると考える。ここ吉野においては、現在に生きる我々が歴史上の人物であるアクターたちと一緒になりながら、吉野を真の"憧れ"や"安らぎ"の地である唯一無二のトポスとして再構築することが期待される。これらのアクターは、たとえばそれぞれの時代に活躍した権力者だったり、宗教家だったり、また文化人だったりするが、現代のプロデューサーが今という時代に生きいきと蘇らせる。

　将来の捲土重来に備えるための一時的な隠棲地として吉野を捉えるアクターには、たとえば壬申の乱[18]において勝利した大海人皇子、後の天武天皇とその妻である後の持統天皇があげられる。また、かの『太平記』で広く知られる後醍醐天皇[19]やこれを支えた楠木正成に代表される南朝方の皇族・貴族・武士などにとっても、吉野はまさに捲土重来のためのトポスであった。後醍醐天皇は一旦、この地で国政運営のイニシアチブの奪還に成功した。また代表的な宗教家としては、異能の人である修験道の開祖、役小角があげられる。さらに、僧である西行に代表される多くの文人たちもいる。

　このように吉野は、歴史的に、そこに住まう人によって地域ブランディングがされたわけではなく、むしろそれこそ"憧れ"や"安らぎ"を求めて訪れた旅人によって地域ブランディングがされてきた、ともいえる。言い換えれば、ここ吉野

は、住まうトポスというよりは、むしろ訪れる、あるいは、一時的に留まるトポスというイメージが強い地域である、と感じられる。

その意味では、筆者のような外部の目から吉野を眺めてはじめて、そこがある種の"憧れ"の地であり、また"安らぎ"の地である、ということが理解できる。つまり吉野には、このような特異な目的によって、それこそ全国から多くの人々を引き寄せることができる何らかの魅力的な求心力が備わっている、とも考えられる。

吉野という町は、そこを訪れる人々にとってはある種の「聖地」である。しかし大事なのは、桜や修験道のような、いわばコンテンツを捉えた聖地ではないという点である。それゆえ、吉野は単に桜の聖地（観光）、修験道の聖地（宗教）なのでなく、これらをそれぞれ1つのコンテンツとして捉えたより高次のコンテクストである"憧れ"や"安らぎ"によって現出する聖地である、と考えられる。

すなわち、吉野というトポスの価値は、個々のコンテンツから導出されるのではなく、むしろ吉野の歴史が織り成す全体像としてのコンテクストに対する人々の思いという強い精神性によって表出する。そして、吉野は明日への再起や希望をそこに託すことが可能な、まさに未来的な"憧れ"と"安らぎ"の地になりうる、と結論づけられる。

おわりに ── ライフデザインのためのトポス="憧れ"と"安らぎ"のための聖地

以上、筆者は、吉野町に対して地域ブランディングを行うための基本的な構想を述べてきた。そして具体的には、吉野にとって望ましいと思われる"憧れ"と"安らぎ"の聖地ブランドという唯一性が感じ取れるような独創的な提言を行ったのである。筆者はこれによって、吉野という地域ブランドが、従来のそれとは大きく異なる、そしてより大きな地域価値の発現を可能にする、と考えている。

ここで大事なことは、"憧れ"も"安らぎ"も実は、ともに未来に向けた人の生の営みをコンテクスト転換させるために有効な概念であるという点である。前述したとおり、吉野にはそれこそ、それぞれの未来に向けてライフデザイン[20]のコンテクスト転換を実現した多くの歴史上の著名人が関わっている。それゆえ、今後においては、現在に生きる多くの人々にとっても、それぞれ自身の過去を回顧するだけではなく、むしろ未来に向けて希望を描くための勇気をえるトポスになることが、吉野には大いに期待される。その意味では、「吉野・大峯」という地域はある種のライフデザインに関するコンテクスト転換装置になる。

それゆえ筆者は、吉野に長期にわたって滞在する多くの人々や、ここに住まうことになった一部の「吉野党」ともいえる人々が、すなわち"憧れ"や"安らぎ"を求めるいわばライフデザイナーたちが、それぞれに従来見られなかった明確な希望を描いている点に注目する。また、このようなポジティブなライフデザインが、広く全国に知れ渡ることが期待される。そうなれば、吉野という地域は未来指向のライフデザイナーのための聖地になる。本書のエピローグでは、北岡篤町長から吉野町の指向すべき将来展望が提言される。

註

1　文脈、状況のことである。何らかの価値発現にあたっては、コンテンツとコンテクストの掛け合わせが必要である。そのため、コンテンツのみならず、コンテクストに眼を向けることが大事である。筆者は、理解を容易にするために、コンテンツを提供内容、コンテクストを提供方法と定義している。
2　このZTCAデザインとは、地域デザインや地域ブランディングに関する筆者が主張する最新の理論フレームのことである。これは、地域に関わる価値はゾーンデザイン、トポスデザイン、コンステレーションデザイン、アクターズネットワークデザインによって現出するというものである。
3　ここは、横浜駅近くにある地域である。京浜急行の駅を中心にして広がっている。
4　紀伊半島は関西の過半を占める地域であり、京都府、兵庫県、滋賀県を除いた県においては、大半が紀伊半島に含まれる。
5　吉野郡は以下の町村から構成されている。吉野町、大淀町、下市町、黒滝村、天川村、野迫川村、十津川村、下北山村、上北山村、川上村、東吉野村である。
6　奈良時代に役小角によって創始された日本固有の宗教である。古神道、仏教、道教、陰陽道などが融合してできあがった。山に篭って厳しい修行をすることが最大の特徴である典型的な山岳宗教である。
7　正式な名称は、「紀伊山地の霊場と参詣道」である。これには、以下のものが含まれる。
「吉野・大峯」：吉野山、吉野水分神社、金峯神社、金峯山寺、吉水神社、大峰山寺。
「熊野三山」：熊野本宮大社、熊野速玉大社、熊野那智大社、青岸渡寺、那智大滝、那智原始林、補陀洛山寺。
「高野山」：丹生都比売神社、金剛峯寺、慈尊院、丹生官省符神社。
8　意味ある場所のことである。これはゾーンの構成要素である。
9　大峯奥駈道は、確かに吉野と熊野三山を結びつける道であるが、熊野三山への参詣道であるとともに、吉野と大峯における修験者の修行の道でもある。ここに、吉野にとってはコンテクスト上の「差異」が見出される。吉野を主体にした地域ブランディングを行うためには、きわめて重要な差異である。
10　これは天文学における星座のことである。人は長期記憶を獲得するために、まさに心の奥底にある記憶をあたかも星座のように結びつけて特定の意味をもたせる。それと同じよう

プロローグ

に、地域ブランディングは人の記憶と地域の関わりを深めることが不可欠になっている。
11 都（みやこ）は「宮処（みやどころ、みやこ）」から転じた語である。それゆえ、天皇の宮殿が所在するところを指す言葉である。その意味では、鎌倉や江戸は都ではない。対して吉野は、2つに割れた一臂の天皇が実際にいたのだから、都ということは可能である。
12 古くからイスラム教の聖地として世界中から信者が訪れる聖地を指す。これを捉えて、宗教から音楽やスポーツに至るまで、ある特定の領域において中心的な場として尊敬されるトポスをメッカと呼ぶことはすでに定着している。
13 ここでの発想は、宮坂敏和（1984）から誘発されたものである。
14 悲惨な状態であった黒川温泉を組合長として全国的なレベルでの再生を行った。温泉カリスマともいわれる温泉街再生の名プロデューサーである。
15 香川県の直島を基点として現代アートのゾーンを展開することで、瀬戸内を世界的に著名にした名プロデューサーである。瀬戸内国際芸術祭は、今では多くの人に注目されている。
16 ドラマを劇場空間において、意味ある魅力的な場にするための方法である。
17 本プロジェクトの推進リーダーは、修験者でもある吉野町の参事である。
18 天智天皇の子である大友皇子と弟である大海人皇子との権力闘争から起こった戦い（壬申の乱）において、大海人皇子が勝利した。その後に、大海人皇子は天武天皇として即位することになった。
19 南北朝時代において、南朝の後醍醐天皇は一時北朝を圧倒して、天皇による親政を行ったのだが、その体制は長続きしなかった。結局は、南朝は足利尊氏の力によって北朝に吸収されることになった。なお、後醍醐天皇の権力の奪回による天皇親政を建武の中興という。
20 これは、自身の人生設計を合理的に、かつ長期展望をもって行うことである。筆者は、"憧れ"や"安らぎ"は、まさに未来を志向するライフデザインのためのコンテクストである、と考えている。

参考文献

武中千里（2013）「吉野　都の異郷の「やまと座」の二等星」原田保・武中千里・鈴木敦詞『奈良のコンステレーションブランディング——"奈良"から"やまと"へのコンテクスト転換』芙蓉書房出版、239–249頁。
原田保（2013）「コンステレーションから読み解く奈良のブランド」原田保・武中千里・鈴木敦詞『奈良のコンステレーションブランディング——"奈良"から"やまと"へのコンテクスト転換』芙蓉書房出版、25–49頁。
宮坂敏和（1979）『吉野路案内記』吉野町観光課。

第1章

吉野の地勢が生み出す豊かな歴史と文化
―― 「川」の吉野と「山」の吉野を楽しむ

椿本久志
古賀文子
紙森智章

はじめに

　本章では吉野の地勢が、その歴史に対していかに影響を与えたかを述べ、その上で吉野を舞台とした文学の系譜を辿りながら、その地勢的価値から導きだされる吉野のコンテクストの基底を俯瞰してみることとする。特に、歴史や文化へ影響を与えた吉野という土地がら、吉野に暮らした人々とこの地を訪れた古人たち、そして自然崇拝を基底とする日本人の古来の精神文化、これらを背景にした豊かな歴史と文化が育まれてきた近世までの吉野の大きな流れについて眺めてみたい。

　具体的には、以下のような2つのテーマについて論じる。第1が「吉野を読み解く視座――地勢がもたらす歴史と文化の価値」、第2が「吉野に感じる魅力――訪問者への川と山による文学の世界への誘い」である。これらを考察することは吉野という地域の魅力を理解するには不可欠であり、ここから地域ブランド確立のためのヒントを見出すことが、まさに本章の狙いである。

1. 吉野を読み解く視座 ―― 地勢がもたらす歴史と文化の価値

　ここでは、吉野をめぐる視座についての基本的な認識を深めることにしたい。具体的には、第1は地勢がもたらす歴史の視座、第2は地域価値を捉えた視座についてである。

　まず、前者においては、吉野をめぐる歴史や文化を捉えたコンテクストに関する考察が行われる。また後者においては、地域価値発現に向けた3つの視座からの吉野へのアプローチが示される。つまり、吉野の歴史や文化を生み出すための基礎となった自然や地勢について具体的な考察が展開される。そして吉野の地勢的価値は、歴史の流れとともに変遷したことの考察も行われる。第1に先史から

奈良時代に発達した吉野川流域の地勢、第2に中世以降に隆盛を見る山の地勢、第3に近世以降に産業や生活の中心となる吉野川流域という3つに分類した議論が行われる【図表1】。

図表1 吉野の3つの視座

	川の吉野	山の吉野	山と川の吉野
	川	山	川
地勢的価値にみる歴史の流れ	吉野川流域史	吉野山 山岳信仰史	桜と木の産業史
地勢的価値にみる吉野を舞台とする文学の流れ	吉野川流域がもたらす古代文学	吉野山山岳信仰がもたらす桜の文学	近代の吉野憧憬に関わる文学

(1) 地勢がもたらす吉野の歴史の視座

さて、吉野は周知のように幾度も歴史の表舞台に登場した豊かな歴史と文化をもつ地域である。古代より都から神仙境としての位置づけがなされたのは、吉野川の存在によっている。この吉野川流域においては、考古学的調査により、縄文時代後期の遺構の存在が明らかになっている。発掘により出土した宮滝式土器は、この地域には独自な流域文化が発達していたことをうかがわせる。

後に、『古事記』に見る神武東征[1]や大海人皇子（後の天武天皇）による壬申の乱[2]、吉野離宮[3]の造営、修験道[4]の隆盛、源義経と静との別れ、後醍醐天皇の南朝[5]、太閤秀吉の花見[6]など、吉野を舞台にした出来事が日本の政治や経済に大きな影響を与えてきた。

また近代になると、上市周辺が交通の要衝となったため、ここが宿場町や商業の拠点として発達した。さらに昭和に入ると、川上から筏として流される良質な吉野材を留め置いて製材するために、大規模な河川の改良工事が行われることになり、これに伴い、吉野の基幹産業となる製材工業団地が造成されていった。

そこで、吉野のコンテクストの基底を探るために、先史時代にも目を向けていきたい。記紀[7]に見る吉野については、確かに神話の世界の部分も大きいが、それでも吉野川流域の位置的条件や自然環境条件はあきらかにその物語性のバックボーンになっている【図表2】。

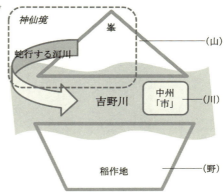

図表2 地勢における吉野のポジショニング

(2) 先史・古代史に見る吉野——吉野川流域を中心とした「川の吉野」

　確かに現在では、吉野と聞いて何を思い浮かべるかを問えば、多くの人が桜の名所「吉野山」と答えるであろう。しかし、吉野山の桜が修験道の御神木として盛んに献木されて桜の名所として知られようになるのは、実は平安時代以降のことなのである。つまり、この吉野山よりも先に歴史の舞台となるのは「山」の吉野ではなく「川」の吉野である。

　この吉野川（紀の川）[8]は、日本一の多雨地帯である大台ケ原周辺を水源としながら、吉野町の中央を東西に流れていき、最終的には和歌山県紀伊水道に注ぎ込む1級河川である。そして吉野町を南北に分断する吉野川には、実は2つの顔が見て取れる。つまり、天然記念物に指定されており、また人形浄瑠璃『妹背山婦女庭訓』[9]の舞台としても有名な妹山樹叢を境として、地勢上の大きな変化が見出されるのである。

　この妹山より上流は両岸に急峻な山が迫り山と山の間を川が蛇行しており、また狭い川幅の急流が続くV字渓谷の様相を見せる。他方、妹山より下流を見ると、中央構造線の上を川が流れており、それゆえ川幅が広がって滔々とした流れに姿を変えている。激流から緩流に、そして蛇行から直流へという劇的な変化が、後々の地場産業である木材関連産業の発達に大きな影響を与えた。なお、この詳細については後に述べたい。

　さて、先史から飛鳥時代にかけて、吉野川流域において歴史の中心となるのは、宮滝である。この宮滝は、大きく蛇行した川の両岸に巨岩がそそり立ち、激しい流れが岩にぶつかりあう、ひときわ風光明媚な場所である。この地の歴史はきわ

宮滝

めて古く、縄文時代後期には右岸に発達した河岸段丘においてすでに古代の人々が生活を営んでいたことが、発掘調査から明らかになっている。

　また、宮滝よりさらに上流の国栖地域においては、初代天皇とされる神武天皇が東征した際に、石押分之子（いわおしわくのこ）（国栖地方に住んでいた人たちの祖先）がいたことについての記述が『古事記』や『日本書紀』にある。

　さらに記紀によれば、応神天皇[10]の時にはじめて「吉野宮」という地名が登場する。当時、南方は神さぶる地というような神仙思想[11]が根づいており、都である飛鳥から南に位置する吉野を神聖視することになり、それゆえ分水嶺たる青根ヶ峰を望む宮滝の地に離宮が営まれた（和田、2004）。そして、飛鳥時代に入ると、幾度となく天皇の行幸がなされたり、多くの万葉歌が詠まれたりすることなどに見られるように、まさに大宮人[12]の宮滝への憧憬が強まっていったのである。

　このように、地形の起伏が少ない飛鳥に暮らす大宮人にとっては、竜門山地[13]の峠を1つこえただけで、切り立った険しい山々の間を激しく蛇行しながら川が流れて、またその背後には重畳たる「吉野・大峯」の山々がそびえる別世界とも言えるような景観は、まさに神聖視されるものであった。人々がそこに価値を見出したことによって神仙境としての吉野が形成されたことが、この後に述べる「山の吉野」の隆盛に結びつくことになる。

(3) 中世に見る吉野——吉野・大峯を中心にした「山の吉野」

　前項では、吉野川流域の地勢や景観が生み出した「川の吉野」に関して、大宮人の憧憬の地は宮滝であったことを述べた。しかし時代は下って奈良時代、平安時代になると、都が飛鳥から奈良へ、さらに奈良から京都へと移動し、吉野と都との距離が離れるにつれて、次第に宮滝の聖地性が薄れていくことになった。

　持統天皇[14]が飛鳥浄御原宮[15]から三十数度にわたり宮滝へ行幸するなど、飛

鳥時代には吉野山の主峰である青根ヶ峰を分水嶺に見立てる水分信仰[16]という自然崇拝が隆盛を極めた。奈良時代になると、これに代わる形で日本古来の自然崇拝や山岳信仰が水分信仰も包摂していくことになり、さらに中国から伝来した仏教や道教、陰陽道などが融合されて、吉野山において修験道が成立することになった。

さて、歴史文化の中心が、宮滝に代表される「川」の文化から吉野山を中心とする「山」の文化へと遷移するのであるが、それではこの吉野山とは一体どこを指すのであろうか。実際には吉野山という山はないし、当然ではあるが三角点[17]もまた存在しない。つまり、吉野山とはいわば地名であり、奈良県の中央部を東西に流れる吉野川（紀の川）南岸から大峰山脈へと南北に続く8キロメートルほどの尾根続きの山稜の総称のことである。

吉野山の地形をさらに詳しく見ると、南には1000メートルを超える重畳たる大峰山脈が控え、北には竜門山塊が横たわり、その間には日本一の多雨地帯である大台ケ原に水源をもつ吉野川があたかも吉野山を守る堀のように東西に伸びている。さらに、西には金剛や葛城の山並みが、東には高見山系が控えており、この地がまさに自然の要害というべき地形的特徴をもっていることがわかる。

また吉野は、都から見て南方にあり、他方では大峰山脈の北の起点となることから、神が鎮まる地として古くより崇拝されてきた。7世紀（飛鳥時代）には、葛城山[18]で修行を重ねたと言われる役小角[19]が、金峯山[20]の奥深くに分け入り、難行苦行の末に、山上ヶ岳山頂で金剛蔵王権現[21]を感得し、これに伴い山上（現在の大峯山寺）と山下（金峯山寺蔵王堂）に蔵王権現を祀り修験道を開くことになった。

吉野山遠景

蔵王堂

そして、修験道は平安時代に盛んに信仰されるようになり、吉野山は全国に伝播した修験者たちのいわばメッカとして尊ばれた。以降、中世にかけて隆盛を極

めることになり、吉野山には多くの堂塔伽藍が立ち並び、吉野山の修験道の宗徒は一大勢力として目されるようになった。

　前述の通り、吉野にはまさに自然の要害と言える「攻めにくく守りやすい」地形と修験の一大勢力があったからこそ、源義経や大塔宮護良親王[22]、後醍醐天皇が再起のために吉野を頼りにしたと考えられる。

　このような「山の吉野」の隆盛は、南方が神さぶる地とされていたこと、吉野が自然の要害とも言える地形であること、そして何よりも山岳宗教と外来の仏教や道教、陰陽道に密教などが結びついて成立した修験道によるところが大きいと言えよう。

(4) 近世、近代に見る吉野──「川と山の吉野」の俯瞰

　中世以降には、修験道の成立、発展とともに隆盛を迎える吉野山の北側、吉野川の両岸では、市場町や交通の要衝として上市の町が発達することになる。

　そのはじまりは、真宗教団の発展により、1476（文明8）年に吉野川左岸の飯貝に蓮如上人によって本善寺[23]がおかれたことに起因している。その後に、飯貝の町が山と川に挟まれた狭隘な地であったこと、対岸の千股はその名のとおり多くの道が交わっていたこと、また大和国中や伊勢街道などへの道が集まるまさに交通の要衝と呼ばれる場所であったことから、吉野川の中州が寺内町としての、また人や物が集まる市場町としての発展を実現する。なお、この中州の町については、ここからさらに下流で同じく浄土真宗願行寺[24]の寺内町である下市と並んで上市と呼ばれた。

　江戸時代のはじめになると、安定した世相を反映し、すでに桜の名所としても知られていた吉野山へ多くの文人墨客が杖を曳き、上市も市場町、宿場町としてさらなる発展を続けることになった。また、江戸中期には木材の商品価値が高まったため、上市中州に開かれた材木市は大いに賑わった。その後、上市は、度重なる洪水などの被害によって徐々に吉野川の右岸にある現在の位置へと移っていった。

　さて、近代に入り、吉野地域の経済基盤を支えたのが吉野林業の発展である。最高級の建築材として名高い吉野杉や吉野檜は、古くは大坂城や伏見城をはじめとして、地域の城郭建築や寺社の普請用材として重宝されていた。

　山から伐採した原木は吉野川へ集められ、それらを筏に組んで和歌山へ流して、そして木材の取引は和歌山で行われることになった。その後1720（享保5）年頃には、山地での樽丸[25]製造がはじめられ、徐々にではあるが、原木を下流に流して売るだけではなく、木材利用技術の発達と相まって製品化に取り組むなど、付

加価値をつけて販売を行なうようになっていった。

　その過程で最も大きな出来事と言えるのが、1937（昭和12）年にはじまり2年後に完成を見た県営貯木場である。当時、吉野から良材が生産されながらも流通は他所で行われており地元へ還元されない仕組みであった。そこで、いくつかの候補地のなかから、上市の中州から吉野川左岸に広がる飯貝、丹治、橋屋にかけて大規模な工事が行われた。こうして最後には3つの水中貯木場を備えた吉野貯木木材工業団地が整備されることになり、その結果として原木市場や製材所が並ぶ木材産業の一大集積地が完成した。

吉野貯木場
（1939（昭和14）年頃）

　また、吉野では製品の流通という点でも画期的な手法が用いられていた。近鉄吉野神宮駅から貯木場に張り巡らされた鉄道の引き込み線を用いて、吉野口駅で国鉄の貨物列車と接続することによって、遠くは東京の汐留まで輸送された。これにより、山から出された原木が吉野貯木で集積・加工され、そのまま消費地へと製品として送られることが可能になった。その後は、1960（昭和35）年ごろからトラック輸送が盛んになると、鉄道輸送や貯木場の引き込み線はその役割を終えることになった。

　さらに、高度経済成長とともに木材需要が高まり、これによって活況を呈した吉野貯木場も、現在ではバブル経済の崩壊や木材需要の低迷などによって、製材所の数は最盛期の半分以下に減少している。しかし、今も吉野を支える基幹産業として、良質な吉野杉や吉野檜の建築材を中心に様々な木材製品が製造されている。

　ここまでは、吉野の歴史や文化を生み出すためのベースになった自然や地勢について、3つに分類してその変遷をトレースしてきた。ここからわかったことは

上流に見られる切り立った険しい山々の間を激しく蛇行しながら流れる川とその背後にそびえる「吉野・大峯」の山々を神聖視したことも、蓮如上人が開いた本善寺の門前町として発達した中洲の上市も、また良質の吉野材を集積・加工するための吉野貯木木材工業団地も、すべてが吉野川の地形的な特徴と密接に関わりあったからこそ成立したのであり、この吉野の地勢こそが豊かな歴史や文学を生む基盤になっているということである。

2. 吉野に感じる魅力──訪問者への川と山による文学の世界への誘い

　吉野に対して、人々はいにしえより「神仙境」としての憧憬の念をもち続けている。また、吉野は滔々と流れる川と神々の宿る霊峰に包まれた土地であり、記紀神話の時代から現代に至るまで、数え切れないほどの文学作品の舞台として描かれてきた。

　これらの作品は、まず神々とつながる異界の地として吉野川流域を描く古代文学にはじまり、その後の平安期以降には桜や修験道、南北朝の戦乱が描かれ、吉野山が作品の舞台となる多くの文学に発展していった。そして、続く近現代においては、再び上市や宮滝など吉野川周辺を描く作品が書かれている。

　そこで本節では、我が国最古の歴史書である『古事記』が編纂されてから1300年の時を経て、今なお文人たちの心を捉え続ける文学の舞台としての吉野を考察したい。具体的には、「川の吉野」に見る古代文学の系譜と「山の吉野」に見る文学の系譜、そしてこれらを踏まえた「川と山の吉野」への憧憬がもたらす近世以降の文学についての議論である。

(1)「川の吉野」に見る古代文学の系譜

　吉野が文学作品に最初に登場するのは、我が国最古の歴史書である『古事記』の序文であり、神倭である神武天皇[26]が八咫烏の導きで吉野に入った場面である。また、この中巻の神武東征伝のなかでは、神武天皇が吉野川の川下で魚を獲るニエモツノコに出会い、さらにイヒカやイワオシワクノコという国つ神たちに出会ったことが記されている。なお、前者のイヒカは光る井戸のなかから出てきた尾の生えた人で、吉野首たちの祖先と考えられている。また、後者の国栖の人たちの祖先とされるイワオシワクノコは岩を押し分けて出てきた。この神もまたイヒカ同様に尾が生えていたと言われている。巌の向こう側は異界であり、井の内部世界も同様である。ここには大和から見た吉野観が表れている(中村、2009)。

これらから理解できることは、奈良時代の都びとたちから見るならば、麗しい山河に包まれた吉野の地は、神々の聖地につながる憧れの異境であった、ということである。なお「尾」については、この地方の樵夫たちが身に着ける、獣皮の尻当てを指すというのが定説である。
　吉野は、また応神天皇、並びに雄略天皇[27]の物語の舞台としても登場している。『応神天皇記』には、国栖の民たちが歌を歌い、天皇に酒を献上する様子が描かれている。

　　「白檮の生に　横臼を作り　横臼に　醸みし大御酒　うまらに　聞こしもち飲せ　まろが父（49番歌謡）」

　この歌は国栖の人々が天皇に食物を献上するたびに歌われてきたと言われており、平安時代に編まれた『延喜式』のなかにも国栖人らが宮廷で歌舞を奏したことが記されている。この歌は毎年旧正月14日に南国栖の浄見原神社で奉納される「国栖奏」であり、今もなお舞とともに歌い継がれている。
　また『雄略天皇記』には、天皇が吉野離宮に行幸した折に、吉野の川のほとりで出会った童女（おとめ）と結婚したことが記されている。天皇が再びその場所へ出かけ、彼女に舞を舞わせて歌った歌が収められている。

　　「呉床居の　神の御手もち　弾く琴に　舞する女　常世にもがも（96番歌謡）」

　西宮（1979）は、この物語を吉野川の巫女と聖婚した天皇が神仙となり、少女の永遠を祝福する話と捉えている。
　記紀とともに、吉野と古代文学を語る上で欠かせないのが、我が国最初の和歌集である『万葉集』である。天武天皇[28]の御製「よき人の　よしとよく見て　よしと言ひし　吉野よく見よ　よき人よく見つ」（巻1-27番）という和歌は、よく知られた吉野褒めの歌である。
　さて、『万葉集』には実に4500余りの歌が収められているが、奈良県内で約900登場する地名のうち、約6分の1にあたる130以上もの地名が吉野郡のものである。吉野町内に限っても、吉野川、吉野の滝、夢のわだ、象（きさ）の小川や御金の岳、耳我（みみが）の嶺、水分山など、実に多くの地名が登場している。多くの万葉歌のなかで吉野は「み吉野」と表現されているが、冒頭の「み」とは接頭語である。『万葉集』に詠まれている地名のうち、この美称的接頭語がつくのは、吉野のほかに熊野と越路

のみである。このことから、万葉びとたちにとっては吉野がいかに特別な場所であったかを計り知ることができる。

　なお、『万葉集』に多く出てくる吉野離宮については、その所在地は宮滝であったという説が有力であるが、これは未だ特定されてはいない。記紀から『続日本紀』にかけては、天皇による吉野離宮への度重なる行幸があったことを示しているが、そのなかでも持統天皇は三十数回におよび吉野の地を訪れているのは注目に値する。その理由については諸説あるが、犬養（1972）は祈雨止雨に関わる水の神の信仰や夫の天武天皇と隠遁生活を送った思い出などをあげている。以上のことから、古代文学における吉野は神々の住まう聖地であり特別な場所であったと考えられる。

(2)「山の吉野」に見る文学の系譜

　周知のように、日本一の桜の名所として名高い吉野山であるが、実は『万葉集』には桜の吉野山に関しては、1首も詠まれていない。白鳳29年間に役小角が感得した修験道の本尊である金剛蔵王権現を桜の木に刻んで祀ったことから、桜はご神木として吉野山に献木されてきたが、それでも『万葉集』が編纂された時代には、まだ「桜の吉野山」というイメージは確立されていなかったのであろう。

　平安期に入ると、紀友則[30]が詠んだ「みよしのの　山べにさける桜花　雪かとのみぞ　あやまたれける」と、紀貫之[31]が詠んだ「こえぬ間は　吉野の山のさくら花　人づてにのみ　ききわたるかな」の2首が『古今和歌集』に見える。この時代になると吉野山は桜の名所として知られるようになったのであろう。

　その後の『古今和歌集』に続く『勅撰和歌集』においても、吉野は歌枕として多く詠まれている。これらの約半数の歌が春の吉野を詠っていることは特筆すべきであり、このことから多くの歌人たちが吉野を愛し歌に残したことがうかがえる。

　このような吉野山の桜を詠じた歌人の代表は、平安時代後期の西行[32]である。西行は23歳の時に出家して世捨て人となり、その立場から、吉野の桜への憧れを多くの歌に残している。

　「吉野山　こずゑの花を見し日より　心は身にも　そはず成にき（山家集66番）」

　吉野山の桜を見たときから、心が身に添わぬほどの強い憧れをもった西行は、この地に庵を結んで、そこで3年にわたり侘び住まいをしていた。この西行庵[33]

と呼ばれる奥千本[34]の小さな庵の近くには苔清水という湧水があり、西行はこの場所で「とくとくと落つる岩間の苔清水　汲みほすほどもなき住居かな」と歌を詠んでいる。

　南北朝時代に成立した『新葉和歌集』[35]は、北朝の勅撰集に南朝方の歌が一首も採られなかったことに端を発して、後醍醐天皇の皇子である宗良親王が撰者になって後醍醐、後村上、長慶の3代の天皇の在位期間の、すなわち約半世紀の間の1400首余りが収められている。吉永・吉原（1972）の指摘するように、南朝方の現地における作だけに、まさに地についた作が少なくない。たとえば、京都への帰京を促された返事に、宗良親王は「古郷は　恋しくとても　み吉野の　花のさかりをいかが見捨てむ（新葉113番）」と、まさにいくら故郷である京の都が恋しくとも、吉野（南朝）を見捨てることができない、と返す歌が収められている。

　説話集の舞台としては、平安時代の『道賢上人冥途記』[36]や室町時代の『吉野拾遺』[37]などに吉野山が登場する。『道賢上人冥途記』には金峯山寺境内にある威徳天満宮の由来となる日蔵道賢[38]と怨霊となった菅原道真との出会いが描かれており、金峯山浄土と天神信仰の結びつきを知ることができる。

　さて、『吉野拾遺』に収められている「仮のちぎり」では、楠木正行[39]と弁内侍（べんのないし）の悲恋が描かれている。これは、高師直（こうのもろなお）[40]にさらわれそうになった弁内侍を偶然通り合わせた楠木正行が救うというストーリーである。天皇は正行に弁内侍を下賜しようとするが、正行は戦に出ることを思い「とても世に　永らふべくもあろう身の　仮りのちぎりをいかで結ばん」と断り、その後に四条畷に戦死したところまでが、『吉野拾遺』には描かれている。如意輪寺に伝わる伝説では、弁内侍は悲しみのあまりに尼となり、正行の菩提を弔ったと言われている。

　また、吉野山については戦記物語にも多くが描かれている。室町時代に書かれた『義経記』[41]では、源義経が吉野山に隠れたことや愛妾の静御前との今生の別れが記されている。南北朝を描いた作品の代表格である『太平記』には、後醍醐天皇の皇子の大塔宮護良親王が吉野城落城を覚悟し最後の酒宴を開いた様子や、後醍醐天皇の壮絶な崩御の場面が描かれている。

　さらに、芭蕉の門弟の各務支考[42]の「歌書よりも　軍書に悲し吉野山」の句の通り、吉野山は歌枕として愛される一方、南北朝の戦乱をはじめ多くの戦が起こったこの地の歴史は、悲話の舞台として様々な作品に描かれることになった。

(3)「川と山の吉野」に見る吉野憧憬がもたらす近世以降の文学

　江戸期に入ると、多くの文人たちが吉野を旅して紀行文を残しているが、旅に生きた俳聖の芭蕉もそのうちの一人である。西行を慕った芭蕉は、『野ざらし紀行』の旅で西行ゆかりの苔清水を訪れ、「露とくとく　心みに浮世　すすがばや」と詠じた。再び吉野を訪れる旅に出た芭蕉は、紀行文『笈の小文』のなかで苔清水へ再び足を運び、「春雨の　こしたにつたふ　清水哉」という一句を残している。

　たとえば、「万葉以来の吉野の伝統と古典にふかく心を澄ませつつ吉野を訪れた芭蕉は、文人墨客として名所旧蹟をたんに見物するというのではなく、吉野という古典の風土に自らを置いて、己れの存在を問うているところがある」（前、1972、980頁）と述べられているとおり、憧れの西行の足跡を辿る吉野山への旅は、芭蕉にとっては特別なものであったことに違いない。

　また、国学者の本居宣長[43]の『菅笠日記』では、彼が蔵王堂や水分神社に詣でたのをはじめ、上市や妹背山、宮滝などを巡った様子が記されている。

　幕末の歌人である伴林光平[44]も『吉野道記』や『南山踏雲録』に吉野のことを記している。光平は河内生まれの僧侶であったが、中宮寺の侍医の今村文吾や備前藩の藤本鉄石などの討幕派の志士たちとの交流が深く、後日、天誅組の大和挙兵に加わり刑死した。南朝ゆかりの地を巡った光平であるが、吉野離宮のあった場所が特定されていないことを惜しむ記述がある。ここから、勤王思想の深い光平にとっては、古代の天皇が宮を営んだこの地は、強く憧れる特別な場所であったことがうかがえる。

　明治期になり、詩人の島崎藤村は西行や芭蕉を慕って西行庵を訪れ「訪西行庵記」を書いており、歌人の与謝野晶子も吉野への旅を紀行文や歌に残している。万葉の聖地であり、古今集以来の歌枕の風土であり、しかも西行や芭蕉の憧れた山河という意味では、吉野は近代の詩歌にその豊饒な実りを見せている（前、1972）。

　また、谷崎潤一郎によって1931（昭和6）年に発表された小説『吉野葛』は、吉野を描いた近代文学を代表する作品の１つである。この作品には、古風な上市の街並みや宮滝、国栖へと至る風景が描かれており、吉野川沿いの美しい秋の情景に思いを巡らせることができる。以上から、吉野の山としてのアイデンティティが確固たるものとして歴史的に築かれてきたことがよく理解できる。

　他方、1983（昭和58）年より続いている『天上の虹』（里中満智子作）は、鸕野讃良皇女（のちの持統天皇）が主人公となっている漫画で、律令国家確立を成し遂げた政治家としての一面と女性としての讃良の人生が、『日本書紀』に記され

る史実や万葉歌とともに魅力的に描かれている。そして、この作品のなかでは、吉野は讃良が愛する夫である大海人皇子（のちの天武天皇）と幸せな時間を過ごした思い出の場所という位置づけがなされている。壬申の乱に備えるために出家して僧となった大海人は、わずかな家臣と妻の讃良のみを連れて吉野で隠遁生活を送る。愛情の深さゆえ、夫が他の妻のところへも足を運ぶことに苦しんでいた讃良は、吉野の地でたった1人の妻としての幸せなひとときを過ごしたのである。

　ここでは2人が吉野の川のなかで子供のように戯れる場面が描かれているが、これから起こる乱に備えるべく、神聖な吉野の川で水垢離をしているようにも映る。夫の亡きあとも国造りの理想を叶えるために、全身全霊を傾けて国の為に尽くす讃良だが、悩み疲れたとき、強さを取り戻そうとして吉野へ行幸するのである。讃良は「吉野の空気は水の香りがする」と語っており、これには吉野の川が疲れた心身を癒すことができるといった印象を与えることが読み取れる。

　また、行幸の折での歌会の場面では、柿本人麻呂が「見れど飽かぬ　吉野の河の　常滑の　絶ゆることなく　また還り見む（『万葉集』巻1-37番)」と詠み、いつまでも見飽きることのない吉野の川に天皇の不変性を重ねている。このことから、吉野の川は天皇の神性に匹敵する神聖さがあることを物語っていると理解できる。

　以上から我々は、近現代の文学においても、吉野の川はいにしえの吉野離宮をしのぶ存在であるとともに、古代文学で先人たちが愛した憧れの場所であり続けているということを理解できる。

おわりに

　本章では、吉野のアイデンティティは何によって形成されてきたかについての考察を行った。吉野というゾーンを捉えた地域ブランディングは行政の単位を超えて、歴史や文学というコンテクストからアプローチすべきものであることが理解できる。

　そして、そのようなブランディングを可能とするツールとして多くの日本文学がある。これらの著作から、我々は吉野の魅力と地域価値を引きだす多くのヒントを見つけることができる。それゆえ来訪者が、これらの著書を片手にもって吉野の地を楽しむことを大いに期待したい。

　このように、文学は地域ブランディングのテーマを与えてくれる大事な仕掛けである。とりわけ、吉野の場合には川と山が、すなわち吉野川と吉野山が「吉野ブランド」の価値を発現する両輪的な存在であることが理解できる。最後に、筆

者としては、川と山が醸成する"憧れ"と"安らき"の地であることが、まさに吉野の地域価値であることを強調して、本章の結びにしたい。

註

1. 日本神話における説話の1つである。初代天皇カムヤマトイワレビコ（神武天皇）が高千穂宮（今の宮崎県とされる）を出発し、橿原宮で即位するまでを記した説話のことである。
2. 672年におきた大友皇子と大海人皇子による皇位継承をめぐる内乱である。
3. 大和国におかれた古代の離宮である。現在の吉野町宮滝付近である。
4. 日本古来の山岳宗教が道教、儒教、密教などの影響を受け、平安時代末期頃に実践的な宗教体系を作り上げたものである。7–8世紀頃の役小角を開祖とする。
5. 南北朝期の2つの朝廷のうち、奈良県吉野地方を中心に存立した大覚寺統の朝廷である。
6. 1594年2月末に、時の太閤である豊臣秀吉が一行を引き連れて吉野山で行った花見のことである。興福寺多門院英俊の『多門院日記』に記録が残る。
7. 『古事記』と『日本書紀』を一括して呼ぶ呼称である。
8. 奈良県南部の大台ケ原山と吉野山地を水源とし、ほぼ西流して和歌山市で紀伊水道に注ぐ川である。上流部は吉野川、和歌山県に入って紀の川という。
9. 近松半二、松田ばく、栄善平、近松東南合作の人形浄瑠璃で、蘇我入鹿の暴虐と藤原鎌足の入鹿討伐を題材とした作品である。
10. 記紀系譜上の第15代天皇である。
11. 中国で発生し、とくに道教において重視された思想。養生摂生によって宇宙の根源と一体となって不老長生を実現しようとするものである。
12. 宮中に仕える人、殿上人のことである。
13. 奈良県中部、奈良盆地と吉野川との間に広がる山地であり、最高峰は竜門岳（標高904メートル）である。
14. 645–702年。天智天皇の皇女。大海人皇子（天武天皇）と結婚し、壬申の乱では行動をともにし、天武即位と同時に皇后となった。
15. 天武・持統天皇の宮で、672年、壬申の乱に勝利した天武天皇が飛鳥岡本宮の南に新宮を造営、翌年ここで即位した。
16. 流水の分配をつかさどる神である水分神への信仰のこと。また、水分神が宿るとされる水分山に対する信仰のことである。
17. 三角測量によって地球上の位置（経緯度）が定められた点である。ここでは、特に山頂の標高を表す地図記号としての意味で用いている。
18. 奈良県御所市と大阪府千早赤阪村との境にある葛城山地の一峰であり、標高は959メートルである。
19. 生没年不詳。7世紀末、大和国葛城山に住んだ呪術者。鎌倉初期には修験道の祖の「役行者」として崇められた。
20. 奈良県吉野町の吉野山から山上ヶ岳に至る山々の総称である。古来、山岳信仰の霊地であり、平安時代以降修験道の根本道場として隆盛し、多数の堂塔が造られた。

21 修験道の開祖とされる役小角が金峯山で修行中に感得した尊像。忿怒相、一面三眼二臂、青黒色の体躯で、左手は剣印を結んで腰につけ、右手に鈷杵を持って左足で盤石を踏む、明王形をした修験道独自の像容である。
22 1308–1335年。後醍醐天皇の皇子。1323年頃延暦寺梶井門跡の大塔に入室し大塔宮と呼ばれる。
23 吉野町大字飯貝小字上中平に所在。六雄山と号し、浄土真宗本願寺派。蓮如上人が創建し、吉野地方への真宗布教の拠点となった。
24 下市町大字下市小字寺内に所在。至心山と号し、浄土真宗本願寺派。室町時代の枯山水の庭園が有名である。
25 奈良県吉野地方に伝わる酒樽用材のことである。
26 記紀系譜上の第1代天皇である。神日本磐余彦天皇、彦火火出見尊と称する。
27 記紀系譜上の第21代天皇。5世紀後半の頃の在位という。大泊瀬幼武天皇と称する。允恭天皇の第5子である。
28 631?–686年。大海人皇子、天渟中原瀛真人天皇と称する。舒明天皇の次男である。
29 公年号白雉（はくち）の別称。奈良時代になって白雉が白鳳とよびかえられた。
30 生没年不詳。平安前期の歌人で、三十六歌仙の1人。紀貫之の従兄弟である。
31 ?–945年。平安前・中期の歌人。日記文学作者で、三十六歌仙の1人である。
32 1118–1190年。平安末期の歌人。俗名佐藤義清。北面の武士として仕えた後、23歳で出家。仏道と和歌に励み、死後成立した「新古今集」に最多の94首が選ばれ、歌人としての名声が高まった。
33 西行が諸国を行脚した途中、滞在した草庵。ここでは吉野町大字吉野山に所在するものを指す。
34 吉野山の桜の群落を大きく4つに分ける呼称の1つ。吉野山の山麓から順に、下千本、中千本、上千本、奥千本と呼称する。奥千本は吉野山の最も奥にあたり、高城山展望台から金峯神社や西行庵のあたりにかけての地域を指す。
35 後醍醐天皇の皇子宗良親王撰。長慶天皇により勅撰に擬され、同年12月3日奉覧。南朝を排した北朝の勅撰集への対抗心と、老いの慰め、後村上天皇への追慕、南朝の永久祈念などから撰集を企図した。総歌数は1420首ある。
36 製作年、作者ともに未詳。道賢上人が体験したという一時的な他界遍歴が記されている。
37 南北朝期の説話集。後醍醐・後村上両天皇とその廷臣らをめぐる秘話逸事の集成で、歌話、発心、怪異、笑話など諸譚を収める。
38 平安中期の僧。三善氏吉の子、清行の弟。はじめ道賢と名のり、後に日蔵と改めた。冥途に行った後蘇生した人として知られるが、生没年をはじめ確実なことはわかっていない。
39 ?–1348年。南北朝期の武将。正成の長子。父の敗死後、南朝の河内国司兼守護となり、畿内の南朝方軍事力の中心的存在になった。
40 ?–1351年。南北朝期の武将。師重の子。足利氏根本被官の筆頭で、元弘の乱以来、足利尊氏の側近である。
41 義経の生涯を描く軍記物語である。
42 1665–1731年。江戸前期の俳人。美濃国北野の人。芭門十哲の1人である。
43 1730–1801年。江戸中・後期の国学者。伊勢国松坂に生まれる。
44 1813–1864年。幕末期の歌人、国学者、尊攘派志士。河内国南河内郡林村に生まれる。

参考文献

池田淳(2013)「飛鳥らしさと吉野らしさ」『季刊明日香風』第126号、12–17頁。
射場博一(1972)「工業」吉野町史編集委員会『吉野町史』下巻、吉野町役場、71–86頁。
犬養孝(1972)「吉野と万葉」吉野町史編集委員会『吉野町史』上巻、吉野町役場、871–930頁。
里中満智子(1983–)『天上の虹』1–22巻、講談社。
中村啓信(2009)『古事記――現代語訳付き』角川学芸出版。
西宮一民(1979)『古事記』新潮日本古典集成、新潮社。
如意輪寺(2008)「浄土宗　塔尾山椿花院　如意輪寺公式サイト」
　　http://nyoirinji.com/（2014年7月25日閲覧）。
平井良朋(1972)「市場町・街道町としての上市」吉野町史編集委員会『吉野町史』上巻、吉野町役場、297–324頁。
前登志夫(1972)「江戸期の文芸と吉野」吉野町史編集委員会『吉野町史』上巻、吉野町役場、979–1011頁。
宮坂敏和(1979)『吉野路案内記』吉野町観光課。
吉永登・吉原栄徳(1972)「新葉和歌集の世界」吉野町史編集委員会『吉野町史』上巻、吉野町役場、941–948頁。
和田萃(2004)「古代の吉野」増補吉野町史編集委員会『増補吉野町史』吉野町、88–106頁。

第2章

「吉野・大峯」の"聖地性"によるコンテクスト創造
――「吉野・大峯」というゾーンデザインによる価値発現

鈴木敦詞

はじめに

　吉野をどのように位置づけ、どのような範囲で定義するのか。本章では、吉野の戦略的ブランディングの最初のステップとなる吉野のゾーンデザインについて検討を行う。ここで考えなければならないことは、地域のブランディングは地域のエピソードと不可分であり、また、エピソードは時間的、空間的という２つの側面を考慮する必要がある、ということである（三浦、2011）。「吉野＝桜」というエピソードがもっとも人口に膾炙しているであろうことは否めないが、それでも吉野の深みは桜に留まるものではない。

　それでは、吉野のエピソードをどのように捉えればよいのか。まず、時間的＝歴史的なエピソードから見ると、吉野という地名は記紀[1]の時代から登場して、その後に多くの天皇や貴人が訪れた地であるとして記される。そして、吉野が修験道の聖地であることもまた忘れてはならない。日本の山岳信仰、すなわち自然への崇拝や畏敬を根本とする修験道が、この吉野から発したことの意味についても、ゾーンデザインを考える上では欠かすことのできない重要な要素となる。

　これらの時間的要素に鑑みた際に、どの範囲で吉野の空間的なゾーンを考えればよいのか。多くの人がイメージする「桜」に依存した範囲では、吉野のもつ深みの一端しか表現しえないのではないだろうか。かといって、世界遺産である「紀伊山地の霊場と参詣道[2]」の範囲まで広げるのも、エピソードの拡散につながってしまう。それゆえ、吉野について、どのようなコンセプトを設定し、それに合致するゾーンはどこなのか、について吟味することが求められる。

　このように、吉野のゾーンデザインを検討するためには、多くの要素について考察を行う必要がある。そこで、本章では、まず吉野とは何なのかについて空間的、時間的視点から検討を行い、それを基にコンセプトとゾーニングの提案を行

う。結論を先に示すならば、吉野は多くの貴人が"憧れ"を抱き、"安らぎ"を求めた地であること、そして、修験の聖地であることを基軸とし、吉野と大峯を連結したゾーンデザインが主張されることになる。その結果、この地域のもつ聖地性がブランディングされることとなり、他のどこでもない「吉野・大峯」として存立することになる。

1. 吉野の魅力の検討——コンテンツとコンテクスト

　吉野は、時間的＝歴史的な深みがある地域であり、吉野という言葉が指し示す空間的な広がりも多様に現われる地域である。また、これらの時空間を背景とした数多くの魅力的なコンテンツが存在する地域でもある。しかし、他方で、あまりにも象徴としての桜のパワーが強すぎることから、吉野が本来もつ、これらの深みがなかなか理解されることなく、単なる表層的なイメージで認知されている傾向がある。

　そこで、ここでは、ゾーンデザインのベースとなる「吉野とは何か」について、あらためて検討する。具体的には、まず現状で吉野と捉えることができる地域をいくつか検討し、それぞれの視点での課題提起を行う。さらに、吉野についての歴史的なエピソードを検討することで、吉野のもつ深みを整理する。そして、多くの人がイメージする「吉野＝桜」の由来についての考察を行う。

(1) 吉野の空間的＝地理的位置づけ

　吉野が指し示すエリアは多様であり、どこに位置づけられるのかについての明確な定義はない。そこで、まずはこの課題について検討を行い、ゾーンデザインの考察を空間的な視点から、はじめていきたい。

　現状では、多くの人が吉野を訪れる目的は桜であろう。吉野の桜を愛でるために訪れる人の大半は、近鉄吉野駅を起点として、主にロープウエイで吉野山に入ることになる。このように、桜を中心に考えると、「吉野＝吉野山」という捉え方が一般的な理解になりそうである。確かに、桜の中心は吉野山であるし、吉野山が多くの寺社が軒を連ねる著名な観光地であることは疑いない。しかし「吉野＝吉野山」と定義してしまうと、観光地としてのイメージが強くなりすぎ、結局、桜の吉野という視点から逃れることができなくなる。この定義では、吉野がにぎわうのは桜の季節だけという現状に留まることになり、未来に向けての戦略的な地域ブランディングが難しくなるのは明らかであろう。

大きな括りでは、「世界遺産の地、吉野」という捉え方もできる。周知の通り、2004年に世界遺産に登録された「紀伊山地の霊場と参詣道」に含まれる主要な構成資産として、吉野大峯と大峯奥駈道が含まれている。世界遺産というブランドを傘として、吉野を位置づけることによって、効率的な吉野の地域ブランディングが可能になるかもしれない。

　しかし、「紀伊」から連想されるのは和歌山県であろう。実際に高野山や熊野三山、熊野参詣道中辺路・大辺路、高野山町石道などは和歌山県にあり、イメージとしては和歌山県の世界遺産と認識される可能性が高い[3]。この点については、武中（2013）が詳細な検討を行っており、この世界遺産を訪れたいと思う場合は、まず和歌山を選ぶだろう、と指摘している。このように考えると、世界遺産をフックとして吉野を地域ブランディングすることは難しいことが明らかになる。

　続いて、行政区単位で吉野を検討してみる。まずは、吉野郡[4]という行政区を見ると、ここは奈良県のほぼ南半分を占める広大な地域になる。確かに、この範囲で見ると、大峯奥駈道の全体を含めることができるという利点はあるのだが、その広さゆえにそれぞれに異なった特徴をもった町村を含むことになる。

　たとえば、歴史と水によってブランディングが可能となる天川村があるし、大自然と歴史が一体化した日本一大きな村としての十津川村もある（原田他、2013）。つまり、それぞれに特徴のある町村を一体としてブランディングすることは、そこからの連想をあいまいにすることにつながり、明確なイメージを形成できない。吉野を、吉野郡の単位でブランディングすることもまた、難しい。

　吉野の位置づけを検討することができる地域で最後に残るのは、吉野町ということになる。吉野町は、吉野郡の北端に位置し、奈良盆地と紀伊山地の接点に位置する。また、これまで検討してきた桜の吉野山を抱え、世界遺産の主要な構成要素である霊場・吉野大峯や大峯奥駈道も吉野町に存在する。

　さらに、吉野町は東西に吉野川が流れることにより吉野材の集散地として発達し、紀州和歌山と伊勢山田を結ぶ高見越伊勢街道[5]が通っていたことからも市（いち）が開かれるなど、古くから周辺地域の中心地として発展してきた。以上の点から考察すると、吉野の空間的な中心地としては吉野町を位置づけることが妥当だろう、という仮説をおくことができる。

（2）吉野の時間的＝歴史的な深み

　吉野が史書に記される最初は、『古事記』での神武天皇[6]の大和入りの項である（桐井、1992a）。ついで、『応神[7]記』では今も行われる国栖奏（くずそう）で奉納される歌が

歌われたことが述べられ、さらに『雄略[8]記』では吉野での狩りの折の蜻蛉（とんぼ）の逸話が語られ、大和の国が「あきつ島」と呼ばれた起源について触れられている（桐井、1992a）。

また、宮滝遺跡[9]からは縄文時代の土器が出土し、弥生時代については土器の他にも家や墓の跡も見つかっている（前園、1992）ことから、縄文時代から吉野には人々の生活があったことがうかがえる[10]。

さらに、『日本書紀』と『続日本紀』では、応神天皇の条ではじめて「吉野宮」という表記が見られ、以降、雄略天皇、斉明天皇[11]、天武天皇[12]、持統天皇[13]、文武天皇[14]、元正天皇[15]、聖武天皇[16]の条で記録がある（桐井、1992b）。とりわけ、大海人皇子が天智天皇との確執を避け吉野山に下り力を蓄え、後に壬申の乱を通じて天武天皇として即位する逸話や、持統天皇がその生涯に30回を超え吉野を訪れたことは、この夫婦が如何に吉野との関連が深いかをうかがわせるエピソードとなる。このように、吉野は神武東征の頃から天皇との関わりが深い地であり、吉野町宮滝では宮、離宮があったことが伝えられている。

宮滝遺跡

さらに、吉野は南北朝との関連も深く、その事跡は『太平記』[17]に記されている。そこでは、吉野山が吉野川と大峯山に挟まれた天然の要害であり、後醍醐天皇[18]の皇子である大塔宮護良親王[19]が吉野山に立て籠もったこと、その後に後醍醐天皇が建武中興[20]を成し遂げ吉野山に皇居を作り入ったこと、その後に、後亀山天皇[21]によって南北朝が統一されるまでの57年にわたり吉野山が南朝として存在したことが記されている（桐井、1997）。この時代に関連する施設も吉野山にはいくつも残されており、とくに、吉野朝宮跡、吉水神社、如意輪寺、後醍醐天皇陵などが関連深い。吉野は、確かに一時期において「都」となったと言える。

他にも、源義経、西行、豊臣秀吉、松尾芭蕉、本居宣長と、吉野との関連がある人は数多いが、詳細は次節にて検討を行う。

(3) 吉野の桜に見出されるコンテクスト

　これまで、吉野が桜に依存しすぎることを否定的に記述しながら、吉野＝桜というコンテクストを転換し、未来へ向けての新たな吉野のブランディングが必要であることを記してきた。しかし、今日、ここまで吉野と言えば桜という認知がされている背景には、それなりの理由があるはずであり、このことを無視して吉野のブランディングを行うことはできない。そこで、以降において、吉野と桜の関わりを整理し、そこから吉野のブランディングに寄与する事項を抽出していきたい。

　まず、確認しなければならないのは、吉野と桜の結びつきが記されるのは記紀や『万葉集』ではないということである。以下においては、桐井（1993）を参考に、歌に残された吉野と桜との関連を整理していく。

　吉野山の桜が文献に表れるのは『万葉集』[22]ではなく、905（延喜5）年に成立したとされる『古今和歌集』[23]においてであると言われる。ただし、『古今和歌集』においても吉野が桜の名所として詠まれている歌は1首のみで、吉野が桜とともに描かれるようになったのは1205（元久2）年の『新古今和歌集』[24]であり、西行が多くの歌を詠ったことにはじまるとする。ここから吉野の桜は有名になり、その後に、後醍醐天皇の歌や豊臣秀吉の花見、そして松尾芭蕉の吉野行など、桜にまつわる多くの逸話が残されるようになる。

　縄文時代より人々の生活があったとされ、神武天皇の頃より吉野という地名が記され、聖武天皇に至るまで多くの天皇が訪れた吉野であるのに、『万葉集』に吉野の桜が詠われていないのはなぜなのか、そして、多くの人に詠まれるようになるのに、西行の時代まで待たなければならなかったのはなぜなのか、これらの疑問を明らかにすることが、吉野と桜の関わりを読み取ることにつながる。そして、これが、吉野のゾーンデザイン策定の一助となるだろう。

　そこで、吉野と桜の関係を確認すると、そこには役行者[25]の事跡が関係していることがわかる。その由来とは、役行者が金峯山上（山上ケ岳）で修行をしているときに、蔵王権現を感得し、その姿を山桜の木に刻み祀ったことから、桜が蔵王権現の御神木として大切にされたというものである（金峯山寺、2010）。

　その後、桜は厳しく伐採が戒められ、訪れる人が信仰の証として桜を献木することにより、吉野山が桜の名所になったとされている（金峯山寺、2010）。このことを踏まえて、宮坂（1973）は「要するに、金峯山の信仰を除いては吉野山の歴史も桜も語ることができぬというのが、この山の実態だといってもあえて過言で

はなかろうと思う」(宮坂、1973、58頁)、とまで記している。

さらに、田中(2014)は、桜はそもそもが神聖な木で霊を鎮める力があること、吉野の千本桜が「千本卒塔婆」と言われることもあることや、見事に咲いて散っていく桜の姿が、死と再生を修業のテーマとする修験道を象徴する花としてふさわしいことなどを指摘し、「吉野の桜が人々のあこがれとなっていくのは平安期以降のことで、蔵王権現信仰の興隆とともに盛んになります」(田中、2014、105頁)、と結んでいる。

吉野山上千本

以上から確認できたとおり、吉野の桜は修験道との関わりが深く、吉野を語る場合は修験道の視点を抜きに語ることができないことが明らかになった。桜そのものではなく、なぜ吉野で桜なのかというコンテクスト自体を、吉野のブランディングに活用することを視野に入れ、具体的なゾーンデザインについて考えていくこととする。

2.「吉野・大峯」――吉野をコアにした聖地性の強調

以上の空間的、時間的な検討を通じて、吉野を捉えるには歴史的エピソードの理解、なかでも修験道との関わりを正しく理解することが大切であることが認識できたであろう。そこから、吉野のゾーンデザインを検討しなければならない。つまり、吉野＝桜という現在のイメージに留まらずに、吉野をより普遍的なブランドとするためのコンセプトは何か、そして、このコンセプトを正しく表現するためのゾーニングはどのようなエリアなのか、について検討することが必要になる。ここで明らかにすべき課題はこの点である。

具体的には、まず吉野を理解するための2つの大きな視点である修験道と積み

重ねられた歴史的なエピソードから、これらの背景に流れるコンテクストを理解し、さらに現代的なコンセプトを創造する。次に、このコンセプトを表現するためのゾーン設定はどこかを検討し、最終的なゾーンデザインを提言する。

(1) 吉野のコンセプトとしての聖地性

前述した吉野を取り巻く歴史と桜にまつわる事跡から、ゾーンデザインの1つの核となるコンセプトを紡いでいかなければならない。ここでは、以上の事跡の背景に流れるコンテクスト(文脈)が何なのかを読み取る作業を進めていく。

まず、多くの天皇が吉野を訪れたという事跡の背景には何があるのだろうか。この読み解きには、吉野の地が奈良盆地と紀伊山地の境界にあることがヒントになるのではないだろうか。

たとえば、桜井市の大神神社[26]では、神社後方の三輪山こそがご神体として崇められていることからも、古代において山は神聖なものという捉え方をされていたことがわかる。すなわち、鬱蒼とした森に囲まれた山に対する畏敬の念や憧れがあったと思われ、吉野(厳密には宮滝)も神聖な山を背景に、英気を養い、神の御加護を頂く地として認識されていたのではないかと想像できる。特に、飛鳥において神仙思想に関連すると思われる様々な施設や構造物[27]を作った斉明天皇が、『日本書紀』において「また吉野宮を造営された」(宇治谷、1988、199頁)と記されていることも、吉野が神聖な場所と見做された1つの証左になるのではないか。このように、古代の天皇にとっての吉野は神聖ゆえに"憧れ"を抱かせる地であったことがうかがえる。このような仮説は、宮坂(1979)も提起しており、彼は吉野河谷に住んでいた人々が神体山として仰いだのは水分山であったろうとしている。

次に、天武天皇と皇后である持統天皇の事跡について見ていく。彼らにとっての吉野とは、ひとときの安らぎを得て後の再起へとつながる英気を養い、神の加護を願う場だったのではないか。天武天皇は、天智天皇との争いを避け出家をするために、母である斉明天皇が造営したとされる吉野宮へ隠遁し8か月をそこで過ごし、再起をかけた壬申の乱へと出発することになる。また、天武天皇の皇后であり後に即位した持統天皇は、その在位中に幾度も吉野へと向かったとされている。吉野は、夫である天武天皇と再起をかけて8か月の苦楽を共にした場所であり、彼女にとっての原点、そして神聖な場所だったのであろう。それゆえに、何か決断を迫られた時に、あるいは心労が深まった時に、安らぎを求めて、吉野へと行幸したと考えてもよいのではないだろうか。

西行の場合も、やはり吉野に"憧れ"と"安らぎ"を求めたのではないかと思われる。西行は元々は優れた武士であったが、仏道に心を傾けていたといい、そのような西行にとっては、「霊山の吉野山の神秘と、そこに咲き出る桜の、目にもあやな美しさに惹きよせられたのであった」(津田、1993、41頁)。ここから、西行は吉野山に"憧れ"、その霊性に"安らぎ"を求めたと言えよう。

　"安らぎ"と再起をかけての吉野入りは、後の源義経や後醍醐天皇の場合も、また同様と考えてよいのではないか。源義経の吉野入りは修験僧を頼ってのものとされるが、やはりそこには再起をかけての行為がうかがえる。後醍醐天皇の場合も、吉野山の地の利や修験勢力を頼みとしたことが吉野入りの大きな要因であったとされるが、併せて天武天皇の壬申の乱への習いを見込んだものであることや、深山による神聖性を頼ったものであることも想起される。

　そして、ここに修験道の意味合いを付加しなければならない。田中(2014)を参考にして修験道についての整理をすると、概ね以下のようになる。まず、古来日本人には自然に対する崇拝と山に対する畏れがあり、山には霊力があると信じられており、これが修験道の背景になる。そして、このような山で修行をし、山を道場とする宗教、そして山を拝む宗教が修験道であるとしている。また、修験道における修行は死と再生が主題になっており、それゆえ擬死回生の修行とも言われている。このように、修験道の意味合いからも、吉野が畏敬や再起と関わりが強いことがわかる。

　以上のことから、吉野のコンテクストとして抽出できるのは"聖地性"であり、それゆえに"憧れ"や"安らぎ"が現出することとなり、これらが吉野をブランディングする上での鍵となる。そして、これらのワードは、まさに現代人が求めているものであるとも言えよう。昨今の、癒しやパワースポットへの注目などは、まさに再生を求めてのものと解釈できる。吉野のコンテクストとして抽出できる"聖地性"を核にした"憧れ"と"安らぎ"という概念は、今の時代にも適応する強力なコンセプトとなり得る。

(2) 歴史的視点を踏まえたゾーニング――中心としての吉野町

　それでは、聖地性を核とした「憧れ、安らぎ」をコンセプトにした時に、どの範囲を吉野のゾーンとすればよいだろうか。以降では、この点について検討を進める。

　まず、核としては吉野山が位置づけられることは、論をまたない。しかし、ここで吉野山を核とするのは、強力なコンテンツである桜があるからという理由で

はない。吉野山を核とするのは、桜そのものではなく、「吉野は桜」という意味性を作り出した修験道こそが、吉野を構成するコンセプトにおいては、中心の1つになるからである。もちろん、吉野山に軒を連ねる幾多の寺社の存在も、また吉野山を核とする理由の1つである。さらに、後醍醐天皇、源義経、西行などの、これまで言及してきた先人たちが留まった場所がまさに吉野山であるのだから、ここからも吉野のゾーニングの核に吉野山を据えることに対しては異論がないであろう。

　しかし、吉野山だけでは吉野の聖地性を満たすことはできない。1つには、宮滝の存在がある。そもそも、古代より幾代もの天皇が行幸したのは宮滝であり、また壬申の乱の前に天武天皇が留まったのも宮滝にあったとされる吉野宮である。さらに、宮坂（1979）の指摘どおりに、吉野河谷に住む人々にとって神奈備[28]としての水分山信仰[29]があったとすれば、宮滝の聖地性はさらに高まることになる。それゆえ、宮滝も吉野を構成すべき重要な場所となる。

　また、神武天皇の大和入りよりも以前に人々が住んでおり、応神天皇の逸話として残されている国栖奏が連綿と受け継がれている国栖も、"聖地性"の高い場所であると言える。さらに、国栖においては、昔から続いている吉野伝統の紙漉き技術や材木加工技術を有する匠が住まう集落が現在でも存在している。そのため、ここが吉野を構成する場所として重要になることが理解できる。

国栖

　さらには、奈良盆地との接点となる竜門・中竜門も重要な場所となる。ここには、持統天皇が吉野に向かう際に何度も通ったとされる道がある。その他にも、談山神社[30]を抜けて桜井[31]へ向かう道や、宇陀[32]へと向かう道が通じている。また、奈良盆地との境界となっている竜門岳やその裾野に広がる津風呂湖の織りなす自然もまた吉野のコンセプトを構成する要素になるだろう。

　このように考えると、前節で仮説として設定した吉野町の全域が、吉野のゾー

ニングに含まれることが、よく理解される。以上から、吉野のゾーニングは、吉野山を核とした吉野町全域を含む地域と定義することができる。

(3) 修験道を踏まえたゾーンデザインに必要な大峯

さらに、吉野を論ずる上で不可欠となる修験道についての検討を進める。再三指摘してきたように、吉野は桜であり、この桜は修験道を抜きには語ることができない。吉野山を埋め尽くす桜は、修験道を通じた献木、すなわち御寄進が原点になっているからである。

それでは、修験道を反映したゾーニングとはどのようになるのだろうか。再び、田中（2014）を参考にしながら、この来歴を確認することで検討を行う。修験道を開いたのは、飛鳥時代の634（舒明6）年に葛城で生を受けた役行者である。かれが金峯山上（山上ケ岳）で1千日の苦行を行っている最中に、金剛蔵王権現の感得に至り、これこそが修験道のはじまりとなる。そして、蔵王権現が現れた所に山上蔵王堂を建て、これが現在の大峯山寺になる。しかし、この大峯山上は、未だに女人禁制の地域であり、さらに、夏場しか山が開いていないこともあるために、誰でもお参りできる場所にはなっていない。そこで、いつでも、誰でもお参りできるように建てられたのが、金峯山寺であり、山下蔵王堂である。

大峯山寺

金峯山寺蔵王堂

また、山に分け入る修行を入峰修行というが、山上ケ岳へ登拝修行することを「山上参り」、吉野から熊野までの大峰山脈を修業することを「大峯奥駈修行」という。この「大峯奥駈修行」とは、吉野川柳の渡しから熊野の音無川に至る75の靡[33]を、1つひとつに、祈りを捧げながら行う修行である[34]（金峯山寺、2010）。このように、修験道についての整理を行うと、金峯山寺と大峯山寺は1つのものとして考えなければならないことが、よくわかる。吉野山にあるからといって、金峯山寺のみを吉野のゾーンと考えるのは、修験道の筋からすると許しがたいこ

とであろう。つまり、吉野のゾーニングを考える際は、前項で検討した吉野町全域に加えて、大峯をも加えた「吉野・大峯」が順当な選択だということが理解できる。

3.「吉野・大峯」の細分化と、これらの連携――戦略の多様性の追及

これまでの検討を通じて、吉野のブランディングには"憧れ"と"安らぎ"をもたらす聖地性をコンセプトとして、「吉野・大峯」をまさに一体としてゾーニングすることが必要であることを提言した。しかし、さらに戦略的に「吉野・大峯」というゾーンを地域ブランディングしていくには、このゾーンを細分化して、それぞれに意味のある場所としてのトポスを明確に定義づけることも必要になる。

さらには、「吉野」という言葉から連想される地域的な広がりや、豊かな歴史的エピソードを活用し、他地域との連携を行うことによって、地域のもつブランドパワーを強化することが求められる。

具体的には、「吉野・大峯」を戦略的に細分化することで、吉野山に留まらないトポスを整理する。そして、周辺地域との関わりについて検討することを通じて、「吉野・大峯」と他地域との連携の可能性についての議論を行う。

(1) 6つの細分化されたゾーンからなる「吉野・大峯」

「吉野・大峯」は多様な顔をもっているために、ここを捉えた地域ブランドを1つの大きなゾーンとして対象にすることは困難である。そこで、「吉野・大峯」を意味のある場所（トポス）に細分化することで、それぞれがもつ意味性によって戦略的に対応を行うことが重要になると考える。

結論を先に提示するならば、「吉野・大峯」は、概ね以下のように大きく6つに細分化された地域になるということである【図表1】。

　①吉野山：数多の寺社が立ち並び、吉野＝桜のシンボルでもある吉野山は、多くの貴人、文人が訪れた地であり、今でも観光の拠点となっていることから、この地を「吉野・大峯」の核とすべきことは、論をまたない。
　②大峯：修験道の道場である大峯山寺があり、厳しい修行の舞台ともなっている大峯も聖地性を支える重要なトポスとなる。
　③宮滝：古来、多くの天皇が訪れ、その地勢からも聖地性の核となる宮滝も、「吉野・大峯」を構成する重要なトポスとなる。
　④国栖：国栖もまた、記紀の頃より語り伝えられた地であり、伝統産業を支

える匠の里としての意味性がある。
　⑤上市：吉野を産業面で支えてきた地であり、今なお多くの人が住まう「吉野・大峯」の中心地として存在しており、他のトポスの結節点となる。
　⑥竜門：奈良盆地との接点として、いくつかの道がつながる地である。

図表1「吉野・大峯」6つのゾーニング

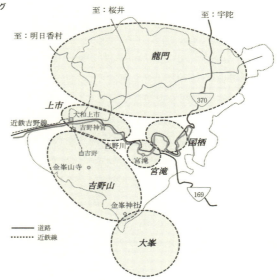

　吉野山、大峯、宮滝、国栖については、第1章での地勢的、歴史的、文学的考察や、本章のこれまでの議論を通じて、それぞれに個別の意味性をもつことは明らかであろう。そこで、以下においては、残りの上市と竜門という2つのエリアがもつ「吉野・大峯」における意味性について確認を行う。
　池田（2013）は、吉野らしさについて、吉野川流域の景観の変化を元に考察を進める。それによると、吉野川の景観が変わる地点として上市の妹山をあげ、上流では川は狭く蛇行し特異な景観を見せて、宮滝においてその特異さが増し、神仙境吉野が誕生する、と指摘する。一方で、妹山の下流では緩やかに流れる大河となり、上市を中心に市や貯木場が発達したとする。
　このように、上市周辺は「吉野・大峯」の他のエリアとは性格を異にする場所となっている。上市の歴史について、平井（1972）は、本善寺[35]の寺内町として、また、千股という各方面への交通の要衝として、さらに、これらによる集落の形成とあいまった市場町として発達したことが見てとれる、としている。現在でも、旧街道沿いに古い建物が並び、若干ではあるが往時を偲ぶこともできる。

次に竜門である。今では、ダム湖である津風呂湖を中心に、自然とスポーツ施設が充実した地域になっている。しかし、古来は、吉野と「国中(くんなか)」と呼ばれていた奈良盆地を結ぶ道が通っていた地域である（平井、1972）。代表的なものとしては、持統天皇が何度も通ったとされる飛鳥から稲渕、栢森を経て吉野に至る芋峠や、三輪や初瀬より多武峯を通って上市に至る竜在峠、そして芭蕉が通ったとされる桜井と吉野を結ぶ細峠がある（宮坂、1979）。このように、竜門は奈良盆地と吉野を結ぶ重要な道が走る結節点であった。

　つまり、「吉野・大峯」はそれぞれに意味性をもつ場所、すなわちトポスとしての6つの細分化されたゾーンになる。しかし、現状では、これらのトポスをつなぐ手段は乏しく、このことが吉野のイメージが吉野山のみに留まる一因になっていると思われる。確かに、これら6つのゾーンはそれぞれに個別の意味がある場所ではあるが、同時にまた、相互に意味のつながりをもっている。それゆえ、この意味の関連性を理解することも、「吉野・大峯」の深い理解につながる。言い換えれば、これらの6つのゾーンを関連させながら、そこから新たなエピソードを提供することも、今後の施策として大いに期待されるのである。

(2) 他地域との連携による「吉野・大峯」の地域価値の発現

　「吉野・大峯」は、歴史的な背景も多彩であり、また多くのコンテンツを抱えている。したがって、単独での地域ブランディングを行っても、それなりの成果が得られるであろう。しかし、関連のある地域と連携することによって、「吉野・大峯」への認知の機会を増大することができ、またさらに深い理解をもたらすことも可能になる。

　たとえば、本章におけるこれまでの議論からも、飛鳥とのつながりで明日香村や高取町との連携が考えられる。また、他にも、修験道、主要産業、吉野川、南北朝などを通じても、吉野郡の各町村や五條市との、さらには桜井市などの周辺地域との連携が可能である。このような取り組みは、すでに行われている（この点については、第6章で詳細を確認する）。

　しかし、「吉野・大峯」における連携は、実は、これだけに留まらない可能性を有している。たとえば、桜を軸にするならば亀山上皇[36]が嵐山に、徳川家光[37]の頃に隅田川に、元文年間（1736-41年）には小金井に吉野の桜が移植されている（宮坂、1979）。このように、単に桜の名所を結ぶネットワークもさることながら、吉野の桜の移植先とより濃密な連携を行うことも可能だろう。

　また、修験道を軸にするならば、その勢力の拡大により、羽黒山や日光、英彦

山など修行の場と連携することもできるし、さらには、天台宗や真言宗との関わり[38]も視野に入ることになる（宮家、2001）。他にも、蔵王権現を祀る山として各地にある蔵王山や御嶽山、金峯山という地名も、また修験道との所縁によっている。

さらに、西行や芭蕉が巡った地を連携することも可能であろう。たとえば、西行が現在の岩手県平泉で詠んだとされる「ききもせず束稲やまのさくら花 よし野のほかにかかるべしとは」は、まさに吉野との対比で描かれており、平泉では西行桜の森として打ち出している（平泉町、2007）。

連携の可能性は、まだまだある。世界遺産を軸とするならば、日本国内における連携はもちろんのこと、海外との連携の可能性も広がる。たとえば、「サンマリノ歴史地区とティターノ山[39]（サンマリノ）」は山上にある聖堂や政庁、修道院という点で共通性をもつし、また「サンティアゴ巡礼道[40]（スペイン）」は道の世界遺産としての共通性をもつ。

このように、「吉野・大峯」のもつ多様性は、多くの地域との関連性を見ることができる。すでに、いくつもの連携推進が行われているが、さらにこれらの連携推進を強め、広く周知することによって、「吉野・大峯」の価値発現の可能性は大きなものとなることが理解できるであろう。このように、今後においては、多様な可能性を踏まえた連携の模索と実現が、大いに期待される【図表2】。

図表2 吉野・大峯の連携の可能性

視点	連携の例
歴史	・飛鳥時代～奈良時代：明日香村、橿原市、奈良市など ・南北朝：五條市、十津川村、八女市、京都など ・他にも、桜井市や宇陀など産業面での繋がり
産業、地勢	・林業等、産業を通じての周辺地域とのつながり
修験道	・黒滝村、天川村など吉野修験の修行の場 ・天台宗や真言宗などとの関わり ・修験の場（羽黒山、日光、英彦山など） ・蔵王山、御嶽山、金峯山などの山
桜	・各地の桜の名所 ・吉野桜の移植（嵐山、隅田川など）
西行、芭蕉	・彼らの巡行の地
世界遺産	・日本各地の世界遺産 ・サンマリノ歴史地区とティターノ山（サンマリノ） ・サンティアゴ巡礼道（スペイン）

おわりに

　本章では、吉野についての時間的＝歴史的意味づけと空間的＝地域的定義についての検討を通じ、「吉野＝桜」を超えた吉野のゾーンデザインは何かについての考察を行ってきた。まずは、豊かな歴史的なエピソード、とくに多くの貴人や文人が再起を求めて、この地を訪れたことに注目することが、吉野のブランディングには重要であることが主張された。さらに、吉野が峻険な山岳地であることを背景として、日本古来の自然信仰に由来する修験道が吉野から生まれ、吉野がまさに修験道の聖地であることを再認識することが必要であり、また、吉野の桜も修験道と切り離しては考えられないことも確認された。

　結論を述べれば、吉野は"憧れ"と"安らぎ"の地であり、その聖地性がブランディングのコンセプトとなるのである。そして、このコンセプトを踏まえるならば、吉野単独ではなく大峯を包含した地域設定が必要であることが提言された。ここに、"憧れ"と"安らぎ"の聖地ブランド＝吉野・大峯」というゾーンデザインが確定する。

　さて、ここで地域ブランディングの目的をもう一度考えると、それは訪れる人の心のなかにコンステレーションを呼び起こし、他ではない"そこ"に行きたい、そして何度も訪れたいと思わせることである。今回提言された吉野のコンセプトである"憧れ"と"安らぎ"の聖地は、まさに吉野を訪れる人にとっては"そこ"に行きたいと思わせるフックとなるものであると言える。

　なぜなら、日々の生活に追われ、ストレスフルで自然との触れ合いが少ない現代人にとっても、"憧れ"と"安らぎ"は重要な価値だと考えられるからである。つまり、古の貴人たちが吉野に足を運び、自身の原点を思い出しながらエネルギーを蓄え再起を図ったように、現代に生きる人にとっても、ここ吉野を訪れることによって明日への新たな活力を得ることができることになる。

　しかし、繰り返し指摘してきたように、今の吉野は「桜」に過度に依存し4月に来訪者が集中する状況にある。ここで、"憧れ"と"安らぎ"というコンセプトを訴求することによって、青々と若葉が茂り活力を感じさせる新緑の季節、桜のような華やかさはないものの落ち着きや侘びを感じさせる紅葉の季節、そして荘厳さを感じさせる雪の季節と、四季を通じた来訪を促すことも可能になるであろう。四季を通じて感じることができる再起のための聖地性こそが、まさに「吉野・大峯」に見出されるべき地域の独自性であり、また価値なのである。

註

1. 『古事記』と『日本書紀』のこと。
2. 「紀伊山地の霊場と参詣道」の主要構成資産は、霊場「吉野・大峯」、霊場「熊野三山」、霊場「高野山」、参詣道(「大峯奥駈道」「熊野参詣道」「高野山町石道」)となる(文化庁、2014)。
3. Googleで「紀伊山地の霊場と参詣道」の検索を行うと、Wikipedia以外で最初に掲示されるのは和歌山県作成の紹介ホームページ(和歌山県、2007)であり、その他でも上位には和歌山県関連のホームページが上がる(2014年9月27日閲覧時点)。
4. 吉野郡には、吉野町、大淀町、下市町、黒滝村、天川村、野迫川村、十津川村、下北山村、上北山村、川上村、東吉野村の11町村が含まれる。
5. 紀州和歌山と伊勢山田を結ぶ街道。奈良県と三重県の堺にある難所である高見峠を越えることから、このように命名されている。
6. 紀元前660年に橿原神宮で即位したとされる最初の天皇。記紀では、天照大神の子孫で、九州の日向を発ち、大和まで東征したと記されている。
7. 4世紀末から5世紀に在位したとされる15代天皇。
8. 5世紀末頃に在位したとされる21代天皇。
9. 宮滝遺跡は、吉野町東部、吉野川の上流の宮滝付近で発掘された遺跡で、縄文時代から平安時代までの遺跡が発見されている。とくに、吉野宮、吉野離宮がここにあったのではないかと言われている。
10. ただし、弥生時代の集落は中期の終わりに一斉に姿を消していること(前園、1992)にも留意したい。
11. 飛鳥時代656–661年に在位。皇極天皇(642–645年に在位)の重祚(再び天皇になること)であり、天智天皇、天武天皇の母。飛鳥で積極的な土木工事を行ったと伝えられる。
12. 飛鳥時代673–686年に在位。天智天皇の弟で大海人皇子という。天智天皇後の皇位を巡って、大友皇子(天智天皇の皇子)と壬申の乱を戦い勝利して即位する。
13. 飛鳥時代690–697年に在位(686–689年は称制:即位せずに政治を執ること)。天智天皇の皇女であり、天武天皇の皇后である。
14. 飛鳥時代697–707年に在位。天武・持統天皇の孫である。
15. 奈良時代715–724年に在位。文武天皇の姉である。
16. 奈良時代724–749年に在位。文武天皇の皇子。東大寺盧舎那仏を建立した。
17. 後醍醐天皇の討幕計画以後の南北朝内乱について記した軍記物語である。
18. 鎌倉時代1318–1339年に在位。鎌倉幕府を討幕し建武新政をはじめるが、武家と対立。吉野に皇居を移して南北朝時代を招く。
19. 後醍醐天皇の皇子である。
20. 建武の新政とも。鎌倉幕府討幕後の後醍醐天皇による新政。武家政治を倒し天皇親政を復活させたことから、建武の中興とも言われる。
21. 南北朝時代1383–1392年に在位。南北朝最後の天皇である。
22. 770年ごろに、大伴家持によって編集されたとされる和歌集である。
23. 905年、醍醐天皇の命で紀貫之らにより編集された最初の勅撰和歌集である。
24. 1205年、後鳥羽上皇の命で藤原定家らにより編集された勅撰和歌集である。
25. 役小角(えんのおづぬ)。飛鳥時代に大和葛城山で修行をはじめ、修験道を開いたとされる。
26. 日本最古の神社の1つとして知られ、神社後方の三輪山を神体山として拝んでおり、神殿

27 たとえば、須弥山石、酒船石、亀形石造物などがある。
28 神が宿るとされる山や森である。
29 流水の分配をつかさどる神である水分神への信仰のこと。また、水分神が宿るとされる水分山に対する信仰のことである。
30 桜井市の多武峰山頂付近にある神社である。
31 奈良盆地南東部の中心に位置する市、古代の古墳や遺跡、寺社が多く存在する。
32 桜井市の西方、三重県と隣接する場所に位置する市。大和から伊勢を結ぶ伊勢街道が通ることから、古くから栄える。
33 修行を行う行所(礼拝所、修行場)である。
34 吉野から熊野に至る行程を「逆の峰入り」、熊野から吉野へ至る行程を「順の峰入り」と言う。
35 蓮如が1476年に、吉野修験道や高野山勢力の強い吉野に浄土真宗を教化するために築いた寺。吉野川と六尾山に挟まれた要害の地に立つ。
36 鎌倉時代1259–74年に在位、院政は1274–87年。南朝、後醍醐天皇につながる大覚寺統の祖でもある。
37 徳川時代第3代将軍、在位は1623–51年である。
38 修験道には、天台密教や法華思想を教義的基盤とする「本山派修験」と真言密教を教義的基盤とする「当山派修験」の2つの流れがある。吉野山金峯山は両派が集う根本聖地となる。このほかに、羽黒山、日光、英彦山、石鎚山、富士などの各地の霊山を拠点とする国峰修験の流れがある(金峯山寺、2010)。
39 サンマリノ共和国にある世界遺産。要塞の塔、城壁、門、防御塁、19世紀の新古典様式の聖堂や政庁、14–16世紀の修道院、18世紀のティターノ劇場などがある(イタリア政府観光局、2014)。
40 スペイン・ガリシア州にある世界遺産。聖ヤコブの墓所であるサンティアゴ・デ・コンポステーラの大聖堂を目指す巡礼の道である(スペイン観光局、2014)。

※註記の多くは、全国歴史教育研究協議会編(2009)、奈良県高等学校教科等研究会歴史部会編(2007)を参考にしている。

参考文献

イタリア政府観光局 (2014)「イタリア政府観光局｜サンマリノ歴史地区とティターノ山」http://visitaly.jp/unesco/centro-storico-di-san-marino-e-il-monte-titano(2015年1月8日閲覧)。
池田淳(2013)「飛鳥らしさと吉野らしさ」『季刊明日香風』第126号、12–17頁。
宇治谷孟(1988)『全現代語訳　日本書紀』講談社。
桐井雅行(1992a)「古事記解説」桐井雅行監修『憧憬古代史の吉野　記紀・万葉・懐風藻の風土』奈良県吉野町経済観光課、25–26頁。
桐井雅行(1992b)「はじめに」桐井雅行監修『憧憬古代史の吉野　記紀・万葉・懐風藻の風土』奈良県吉野町経済観光課、1–4頁。
桐井雅行(1993)「吉野山の桜」桐井雅行監修『吉野山桜物語』奈良県吉野町経済観光課、9–28頁。

桐井雅行(1997)『吉野山と太平記(第四版)』奈良県吉野町経済観光課。

金峯山寺(2010)『山伏・修験道の本尊　蔵王権現入門』国書刊行会。

国栖の里観光協会(2013)「国栖の里観光協会ホームページ」
　　http://www.kuzunosato.jp/（2014年6月28日閲覧）。

スペイン観光局（2014)「スペイン観光局｜サンティアゴ巡礼の道、ただのスペイン旅行とはひと味違います」
　　http://www.spain.info/ja/reportajes/el_camino_de_santiago_mucho_mas_que_un_viaje_por_espana.html（2015年1月8日閲覧）。

全国歴史教育研究協議会編(2009)『日本史B用語集　改訂版』山川出版。

武中千里(2013)「吉野　都の異教の「やまと座」の二等星」原田保・武中千里・鈴木敦詞『奈良のコンステレーションブランディング』芙蓉書房出版、239–249頁。

田中利典(2014)『体を使って心をおさめる　修験道入門』集英社。

津田さち子(1993)「吉野山と西行」桐井雅行監修『吉野山桜物語』奈良県吉野町経済観光課、39–48頁。

奈良県高等学校教科等研究会歴史部会編(2007)『奈良県の歴史散歩(上)(下)』山川出版社。

原田保（2011)「地域ブランド戦略のパラダイム転換」原田保・三浦俊彦編著『地域ブランドのコンテクストデザイン』同文館出版、3–8頁。

原田保・武中千里・鈴木敦詞(2013)『奈良のコンステレーションブランディング』芙蓉書房出版。

平井良朋(1972)「市場町・街道町としての上市」吉野町史編集委員会『吉野町史』上巻、吉野町役場、297–324頁。

平泉町(2007)「平泉町ホームページ｜地域情報｜平泉の施設」
　　http://www.town.hiraizumi.iwate.jp/site/entry/cat140/cat149/cat188/post_136.php（2014年9月27日閲覧）。

文化庁(2014)「文化遺産オンライン｜世界遺産と無形文化遺産｜紀伊山地の霊場と参詣道」
　　http://bunka.nii.ac.jp/jp/world/h_0A.html（2014年9月27日閲覧）。

前園實知雄(1992)「考古学からみた宮滝遺跡」桐井雅行監修『憧憬古代史の吉野　記紀・万葉・懐風藻の風土』奈良県吉野町経済観光課、5–24頁。

三浦俊彦（2011)「地域ブランド論の革新」原田保・三浦俊彦編著『地域ブランドのコンテクストデザイン』同文館出版、257–263頁。

宮家準(2001)『修験道　その歴史と修行』講談社。

宮坂敏和(1979)『吉野路案内記』吉野町観光課。

吉野町(2014)「吉野町ホームページ｜観光・イベント情報」
　　http://www.town.yoshino.nara.jp/kanko-event/（2014年6月28日閲覧）。

吉野山観光協会(2013)「吉野山観光協会ホームページ」
　　http://www.yoshinoyama-sakura.jp/（2014年6月28日閲覧）。

和歌山県(2007)「紀伊山地の霊場と参詣道」
　　http://www.pref.wakayama.lg.jp/sekaiisan/（2014年6月28日閲覧）。

第3章

歴史と人物と産品を一体化した歴史遺産の物語化
―― コンステレーションデザインによる価値創造

武中千里

はじめに

　吉野の魅力とは一体何だろうか。その魅力は、桜を別としても、以下の3つがあげられる。第1の魅力としては豊富な歴史的遺産である。遺産には、金峯山寺[1]をはじめとする寺社群の堂塔や仏像、そして宝物などがある。吉野は山のふところにありながらも、ほとんどの遺産が歩いていけ、歴史的遺産の密集度は、全国でも稀有と言える。

　第2の魅力は、プロローグでも触れられている、吉野にゆかりの著名人、歴史アクターの存在である。たとえば、役行者[2]、天武天皇[3]と持統天皇[4]、藤原道長[5]、西行[6]、源義経[7]、後醍醐天皇[8]、豊臣秀吉[9]、松尾芭蕉[10]、本居宣長[11]などである。これらの日本史を彩るアクターたちが紡いできた物語は、現在では人口が8000人余りの町としては、他に比類がない。この比類のなさは、以下の3つの要素からなっている。第1は人物の全国的知名度、第2は文人、僧侶、武将、貴族、天皇に広がる人物の多様性、第3は飛鳥時代から江戸時代までという人物が関わる歴史の長さである。

　そして、第3の魅力が全国にとどろく伝統産品である。吉野には、杉、葛、紙、薬、柿の葉寿司などの伝統産品がある。しかもそれぞれが、吉野杉、吉野葛、吉野紙、大和薬、吉野の柿の葉寿司として、関西一円や遠く東京でもよく知られる全国ブランドの名産品になっている。このように知名度の高い産品を多くもっているのは、「吉野・大峯」のような狭い範囲の地域においては、全国レベルでも珍しい。

　そこで、本章では、これら吉野の3つの魅力を、夜空の「星座」＝「コンステレーション」のように結びつけながら、「吉野・大峯」の物語を紡いでいく。このようなコンテンツを結びつける物語の構築＝コンステレーションデザインにより、コンテンツ単体では得られない価値が創造される。この新たに創造された価値を通

じて、顧客は地域を長期的に記憶すること＝エピソードメイク[12]を行うことが可能になる（原田、2014）。こうした長期的な記憶により、訪問者が増え、訪問者はリピーターに変わり、そしてリピーターは永続的なファンとなっていく。つまり、「吉野・大峯」は、桜の季節に一度来て終わりということではない、何度でも再訪したくなる魅力ある地域になっていくのである。

　本章の第1節では、「吉野・大峯」を「遊歩道」＝「モール」に見立てながら、歴史遺産と歴史的アクターと伝統産品という3つの要素を、一体的に結びつけることによって物語化を試みる。物語化のコンセプトは、「再生と再起の山」、そして「自然と一体化する山」である。この2つのコンセプトにより、本書全体のテーマである"憧れ"と"安らぎ"の聖地ブランド＝「吉野・大峯」という地域ブランディングを追求したい。つづく第2節では、完成した物語を、誰に対して、どのような形態で提示していくのかを考察したい。そして、第3節では、物語を通じて観光客を呼び込むためのインフラの整備や具体的な旅のアイデア、そして実際にそのための施策を立案する地元の人々にとっての課題について考えていく。

　この章で試みる吉野の歴史遺産の物語化による価値創造は、全国の歴史遺産をもつ他の地域でも応用可能なケーススタディとなっている。

1.「吉野・大峯ヒストリーモール」の物語化構想

　第1節では、近鉄吉野駅からロープウェイをのぼった吉野山駅周辺からはじまって、金峯山寺を経て吉野山の尾根道沿いに点在する歴史遺産の集積を捉えた物語化に挑戦したい。

　ここに見出される多彩な歴史遺産の集積は、多様な商品によって買い物の楽しさを味わえるショッピングモールになぞらえられる。この道沿いに点在する寺社やみやげもの屋、そして旅館などは、堂塔、仏像、宝物の拝観、また歴史や伝説の学びと鑑賞、そして名産の購入、さらには地元料理を味わうことなどを通じて、バラエティに富み、精神的にも深い"憧れ"と"安らぎ"をもたらすことが可能である。この道は、単なる名所の見学に終わらない、多様な楽しみを与える歴史遊歩道、言い換えれば「ヒストリーモール」と見立てるにふさわしい。

　第1節では、まず吉野という我が国でも稀有な歴史遺産の集積地域を概観して、その価値の再評価を行う。続いて、歴史的遺産などコンテンツどうしを、歴史事象や歴史アクターなどの助けを借りて結びつけることで、夜空の星々をつなぎあわせ、ある意味を発する形としてのコンステレーション[13]（星座）を浮かび上

らせるように、吉野の物語を紡いでいきたい。

(1)「ヒストリーモール」のコンテンツ――歴史遺産の集積の概観

　まず、吉野山の尾根道に連なる深い緑に囲まれた歴史的遺産を概観していく。ロープウェイの吉野山駅から、金峯山寺をへて吉野水分神社[14]までの距離はおよそ3キロメートルある。さらに、金峯神社[15]や奥千本の西行庵[16]までは5キロメートル強というところであろう。その間には、主な寺社だけで10以上が集積している【図表1】。

図表1「吉野・大峯」の主な歴史的コンテンツ(歴史遺産)

　この道の幅は狭く、車1台がやっと通れるほどであるが、その狭さが逆に旅人を歴史世界にいざなっている。まさにこの道は、ヒストリーモール＝歴史遊歩道というにふさわしい風情を備えている。

　これらの多くの歴史遺産には、数多の一級の堂塔や仏像や宝物がある。もしも東京近郊でこれだけの歴史遺産が集積していたならば、現在の鎌倉に見られるような大人気のスポットになるであろう。しかし、ここ吉野は近くに奈良や京都があるために、文化財の質と量とそれらの集積のみでは旅人をひきつけられない。

　そうは言っても、吉野にとって歴史遺産は物語を紡ぐ大事な原石である。そこで、以下において、この道沿いの主な歴史遺産を、金峯山寺から山をのぼってい

吉野山の尾根筋の歴史遺産をつなぐ道（ヒストリーモール＝歴史遊歩道）

く順番にあげていく。

　まず、吉野山駅のすぐ近くには、松尾芭蕉が桜を詠んだ句碑が立っている。駅から歩いて10分ほどで「吉野・大峯」の中心となる金峯山寺に行きあたる。金峯山寺本堂である蔵王堂と仁王門が国宝に指定されている。

　蔵王堂は、高さが34メートル、広さは36メートル四方の檜皮葺の建物で、木造古建築としては東大寺大仏殿に次ぐ、我が国では2番目の大きさを誇っている。この蔵王堂の本尊は、日本最大の秘仏として知られる3体の金剛蔵王権現立像[17]である。この3体は高さ6メートルから7メートルに及ぶ巨像であり、秘仏だけに青の彩色が美しく残っている。さらに、鎌倉時代の高さ4メートル余りの木造の金剛蔵王権現立像[18]ほか、多くの秀逸な仏像が安置されており、寺宝も数多く所蔵されている。なお、ここは南朝の吉野皇居跡と伝えられる場所でもあった。

　金峯山寺から南へ尾根道を歩いていくと、見逃せない寺宝を所蔵する寺社がいくつも現れてくる。まず修験本宗であり、大峯山五護持院の1つである東南院には、多宝塔が建ち、平安時代の木造大日如来像が祀られている。その境内には、松尾芭蕉の句碑も見出せる。

　続いて、役行者ゆかりの吉水神社は檜皮葺の書院が国の重要文化財に指定されている。ここの書院には、源義経、後醍醐天皇、豊臣秀吉ゆかりと伝えられる部屋がある。

　吉水神社から少し歩き、道を右に下ったところにある大日寺は、平安時代の5体の五智如来座像が国の重要文化財に指定されている。大日寺そばの勝手神社は、

金峯山寺蔵王堂

火災で本殿が焼失したが、義経ゆかりの伝説が残っている。

　勝手神社の少し先を、道を右手に上ると、金峯山の塔頭として創建された喜蔵院が見えてくる。そして、ここには修験の聖地らしい天狗立像が祀られている。喜蔵院の近くには、大海人皇子ゆかりの櫻本坊もある。この寺は、白鳳時代の釈迦如来座像、藤原初期の地蔵菩薩坐像、鎌倉時代の役行者坐像という、3体の国の重要文化財の仏像をはじめ、数多くの仏像の優品を有する。櫻本坊の先には、空海ゆかりの竹林院があり、大和三名園[19]の1つの群芳園があることで著名である。

　ここから谷を1つ隔てた後醍醐天皇ゆかりの如意輪寺[20]は、国の重要文化財の木造蔵王権現立像と厨子を所蔵していることで名高い。この如意輪寺の隣には後醍醐天皇陵がある。

　如意輪寺から尾根道にもどり、上千本をのぼると、吉野山と金峯山寺を眺められる絶景になる。そこは世尊寺跡であり、寺の跡には吉野三郎と呼ばれる国の重要文化財の鐘が残されている。世尊寺跡から少しのぼった吉野水分(よしのみくまり)神社は、春日造り[21]の主殿と、左右流れ造り[22]の2つの建物、合わせて3殿が1棟につながった本殿が、国の重要文化財に指定されている。また、この神社の玉依姫命(たまよりびめのみこと)坐像は、非公開だが国宝である。さらに、道を進み奥千本に向かえば、金峯神社にいたる。この金峯神社は、藤原道長が参拝したことで知られる。また、奥千本には西行が隠遁したという西行庵跡もある。

　このように、金峯山寺からの尾根道は、多彩で貴重な歴史遺産が徒歩圏内にひしめく歴史遊歩道、すなわち「吉野・大峯ヒストリーモール」と位置づけられる。しかも、まわりは深山幽谷の趣であり、このヒストリーモール沿いには、多くの宿泊施設が存在している。旅人は、泊まってゆっくりと寺社と一体となった自然を味わえる。これこそが、まさに"憧れ"と"安らぎ"の聖地ブランド＝「吉野・大峯」

の魅力のコアと言えよう。

(2) 歴史遺産を物語化するための3つの軸と2つの旅のコンセプト

　これまで記してきたなかにもあるように、ヒストリーモールの主な歴史遺産は、堂塔、仏像、絵画、宝物などである。しかし、歴史遺産をそのまま提示しても、顧客である旅人は全体像が見えず混乱するばかりである。歴史遺産を、以下の3つの軸と2つの旅のコンセプトによって結びつけて物語化することによって、"憧れ"と"安らぎ"の聖地ブランド＝「吉野・大峯」を、顧客に対して魅力的に提示することができる。

　この3つの軸とは、歴史軸、歴史アクター＝人物軸、伝統産品軸である。歴史軸としては、壬申の乱[23]、修験道、貴族や皇族の吉野詣、源平の争い、南朝の都、秀吉の花見、江戸時代の文化人たちの吉野行などの歴史事象があげられる。歴史アクター軸としては、天武天皇と持統天皇、役行者、空海、藤原道長、西行、源義経、後醍醐天皇、豊臣秀吉や徳川家康などの戦国武将、松尾芭蕉や本居宣長などの文人があげられる。伝統産品軸としては、杉、葛、薬、紙、柿、柿の葉寿司、日本酒などがあげられる。

　この3つの軸と歴史遺産を駆使して物語を紡ぐための2つの旅のコンセプトは、「再生と再起の山」と「自然と一体化する山」としたい。

　まず、その理由を以下に述べよう。人には先人の偉業に"憧れる"ことによって、自分の人生を振り返り、かつ未来を想って旅をする場合がある。このような旅は、「再生と再起の旅」として捉えることができるからである。また、人は現実に疲れ果てたり、傷を負ったりして、そのために"安らぎ"を得るために自然のなかへ旅をする場合もある。このような旅は「自然と一体化する旅」として捉えることができるからである。実際には、この2つの目的があいまって旅に出る人もあると推察される。ここ「吉野・大峯」は、まさに古来、人々が旅に抱く2つの根源的な欲求への何らかの解を有していると考えられるのである。さらにこの2つのコンセプトは、現代人が1人や少人数で旅する際には、自身の気持ちによりそってくれるものとも言えそうである。

　このように、歴史的事象やアクター、そして産品と歴史遺産を、2つの旅のコンセプトに基づき相互に関連づけることで、コンステレーションを紡ぎ、物語を作りだすことができる【図表2】。

　このようなコンステレーションを紡ぐ物語が、吉野を訪れる人に対して"憧れ"と"安らぎ"を与えてくれる。そしてこうした作業を行っていくことが、地域の

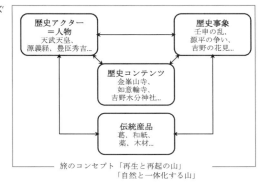

図表2 コンステレーションを紡ぐ「吉野・大峯」の物語化

魅力と価値の創造を可能にするわけである。

(3)「再生と再起の山」、「自然と一体化する山」としての「吉野・大峯」という物語

ここでは、「吉野・大峯」の物語を、前述した3つの軸と歴史遺産を絡めながら、2つのテーマに沿うように紡いでいく。まずは、「再生と再起の山」、「自然と一体化する山」という2つのコンセプトに沿って、吉野ゆかりの歴史アクターと歴史事象との関係を整理する。

「吉野・大峯」は、神武天皇以来の歴代の天皇との関連で、『古事記』や『日本書紀』に何度も記述されてきた。しかし、「吉野・大峯」が大きく脚光を浴びるようになったのは、後の天武天皇と持統天皇が、壬申の乱の前に、時の政権から吉野に逃れて力を蓄えた時期からである。天武天皇は、この吉野で再起して皇位に就いた。この故事にならって、高貴な人々が吉野へ逃げたり旅したりして、ここ吉野で自身の再起や栄達を祈り、誓うようになった。この現象は、吉野が「再生と再起の山」と認識されたことから生じたと考えられる。

吉野を「再生と再起の山」とイメージして訪れたと思われるなかから、特に著名な歴史アクターを上げると、まず平安時代の藤原道長があげられる。藤原道長は1007（寛弘4）年、吉野金峯山に参詣した。もう1人平安時代末期に「再生と再起」を期して吉野に逃げ込んだのが、源平の戦いで活躍した源義経である。

我が国が2つに割れた南北朝時代も大きく吉野と関わっている。この時代に、足利尊氏と袂を分かった後醍醐天皇は、吉野に南朝[24]を開いてこの地で京都の奪還を誓っている。後醍醐天皇も、「再生と再起の山」として吉野を意識していたと推測される。

「自然と一体化する山」としての吉野と歴史アクターの関わりは、役行者が吉野の山中で修行して自らが修験道の開祖になったことからはじまる。金峯山寺一

山宝勝院の僧侶・田中利典によると、修験道の定義は「山の宗教」、山で修行をする宗教、山を道場とする宗教、山を拝む宗教、かつ優婆塞[25]の宗教である（田中、2014）。

また、吉野修験道の修行のハイライトである大峯奥駈[26]は、偉大な自然のなかに入り、ありがたくも山というご神体やそこにあるご本尊のなかで修行させていただく、そして仏さまの体内で過ごさせていただく、という心がけで行う悟りへの修行（田中、2014）である。

つまり、「吉野・大峯」の心の部分を支える修験道の目的は、一般の人も含めて自然と一体化することにほかならないと言える。役行者が修験道を開いた後に、自然との一体化を極めたい、そして自然に触れることで安らぎを得たいという理由から、多くの著名人が吉野を訪れた。この「自然と一体化する山」を意識して「吉野・大峯」を訪問した歴史アクターには次のような人々がいる。

平安時代の終わりに、武士の身分を捨て出家した西行は吉野に3年の間隠棲したと言われ、自然のふところに抱かれることで名歌を残した。安土桃山時代になると、豊臣秀吉が、吉野の桜への憧れから戦国武将を引き連れて吉野の花見[27]を開き、長く続いた戦乱の世の疲れを癒した。続く江戸時代になると、松尾芭蕉や本居宣長といった名だたる文人が、「吉野・大峯」に先人の足跡をたどってこぞって旅をした。

それでは以下に、吉野ゆかりの歴史的な著名人＝歴史アクターの足跡を追いながら、「吉野・大峯」の歴史遺産と伝統産品を活用することによって、2つの旅のコンセプトに沿う形でコンステレーションを紡いでいく。

天武天皇と持統天皇の遺構は、実は吉野山の歴史遊歩道沿いにはほとんど残っていない。今でも残っているのは、麓にある吉野川沿いの宮滝遺跡である。ここに当時の吉野宮[28]跡の石碑がたっている。また歌舞伎の『妹背山女庭訓』[29]は、天武天皇の兄であった天智天皇が行った大化の改新[30]から着想を得た人気演目であるが、この演目では吉野が重要な舞台となっている。次の写真にあるように、吉野川を挟む妹山と背山の変わらぬ姿は、『妹背山女庭訓』の舞台を思い出しながら、古代を偲ぶことができる絶景と言えよう。

このように、まず旅人は吉野山に上る前に、妹背山や吉野宮跡などの古代の名残を心に刻みつける。その後に、ロープウェイの吉野山駅を降りていく。そこから金峯山寺に向けて続く「吉野・大峯ヒストリーモール」から眺める深い緑は、古代を味わうのにふさわしい風景である。

天武天皇は、壬申の乱に勝利し政権を掌握した後に6人の皇子を連れて吉野に

吉野川を挟む妹山（左）と背山（右）

行幸している。その際に、『万葉集』巻1-27にある「淑き人のよしとよく見てよしと言ひし　芳野よく見よ　よき人よく見つ」（佐佐木、1927）の歌を詠んでいる。吉野は古くから偉人がすばらしい場所として誉めたたえていたと、自らの原点となった吉野に対して最大級の賛辞を送っている歌である。

　古代における吉野のもう1人の立役者と言えるのが、天武天皇や持統天皇と同時代に生きた役行者である。金峯山修験本宗の総本山である金峯山寺は、寺のはじまりを以下のように記している。金峯山に役行者が修行に入り、修験道独特の本尊である金剛蔵王大権現を感得し、この姿を山桜に刻んで、山上ケ岳（現：大峯山寺本堂）と山麓の吉野山（現：金峯山寺蔵王堂）に祭祀した（金峯山寺、2014）。

　旅人は、役行者の気持ちに寄り添いながら、金峯山寺の巨大な仁王門をくぐり、本堂の蔵王堂にお参りをすることができる。堂内は、ケヤキ、ナシ、スギなど自然木の68本の巨大な柱で支えられており、そのためここはあたかも深山幽谷にいるように感じられる。堂内では、修験道の心に通じる自然の偉大さを感じることができると金峯山寺は述べている（武中、2013a）。

　ここで、旅人は日本最大の秘仏である3体の蔵王権現を拝観する。もし、開帳されていない時には、鎌倉時代の木造蔵王権現などの数々の仏像を拝観する。こうして、旅人は、役行者が開いた修験道に触れながら、自然と一体化する吉野の精神を体感できる。

　続いて旅人は、金峯山寺から大峯奥駈道へと続く尾根道である「吉野・大峯ヒストリーモール」をそぞろ歩きながら、山々を眺めることになる。旅人は、『持統天皇物語　天上の虹』（里中、2000–2013）に描かれているように、後に天武天

皇になる大海人皇子、後に持統天皇になる鸕野讃良皇女(うののさららのひめみこ)の気持ちを思い、旅情に浸ることができる。この持統天皇自身も、皇位に就いてからたびたび吉野を訪れていることから考えれば、吉野を「再生と再起」の地として捉えていたと推察できる。

さらに、旅人は、古代の「吉野・大峯」の物語を2つのコンセプトと歴史アクターに沿って尾根道沿いの寺社において紡いでいける。金峯山寺から山に向けて道をとると、右手にある東南院は、役行者の開創と伝わっている。旅人は、役行者との縁を感じながら、多宝塔と塔内の平安時代の大日如来を拝むことになる。

東南院の少し先で道を右手に降りると、大日寺がある。ここは、平安時代の5体の仏像、五智如来によって著名である。智拳印を結ぶ大日如来を中心に、5体の如来が安置されている。このように平安時代の五智如来がそろって残っているのは全国でも珍しい。この五智如来は、もともとは日乗寺の本尊だったと言われている。日乗寺は、天武天皇の離宮を継承して、役行者の高弟が創建したと伝えられている寺である。従ってここ大日寺も、天武天皇や役行者との関係性で、コンステレーションを紡ぐことができるのである。

道に沿ってしばらく歩いて、勝手神社の先の分かれ道を右にとり坂を上ると、仏像の宝庫である櫻本坊に行きあたる。ここには天武天皇が、皇子の時代に、冬にもかかわらず桜が満開となった夢を見て、皇位に就く吉兆としたという伝説が残っている。境内には、天武天皇夢見の桜がある。ここは天武天皇勅願の寺で、吉野の山の離宮があったとも伝えられている。寺では、修験道の開祖、役行者の木像などが、国の重要文化財に指定されている。櫻本坊は、天武天皇と役行者の物語を同時に味わえる寺であるということができる。

また旅人は、このヒストリーモール＝歴史遊歩道にそって、伝統産品と古代の吉野との関係性を楽しむことができる。この道沿いには吉野産の手漉き和紙を売る店がある。吉野の紙づくりは、後の天武天皇、大海人皇子によって伝えられたとの説がある（奈良・吉野ものづくりの里国栖の里観光協会、2014）。この吉野の紙は、今も皇室や奈良の著名な寺、さらに海外からも、文化財の修復用などとして引き合いがある。旅人は、ここで吉野紙の便箋、封筒、ハガキなどを手にとり、天皇家と吉野の長い歴史に想いを馳せられる。吉野紙に興味が湧いた旅人は、吉野町内の国栖にある紙漉きの里にまで足をのばすことができる。

金峯山寺のそばには、くず粉から透明の吉野葛を作る実演を見せることで人気を呼んでいる店がある。この吉野葛は、大峯山で修業する山伏が自給自足の糧として葛根から澱粉を精製したのがはじまりであると伝えられる（社団法人中小企

業診断協会奈良支部、2010)。

　道沿いには、奈良発祥と言われる胃腸薬の「陀羅尼助」を製造、販売する店もある。この陀羅尼助は、役行者が吉野に入り大峯山を開山した際に、木皮(黄柏)のエキスから薬を作ったことにはじまると伝わっている(社団法人中小企業診断協会奈良支部、2010)。旅人は、葛きりを味わい、みやげに陀羅尼助を買うことで、役行者にはじまる修験道の歴史を感じとることができる。

　母子で吉野を旅するのも、また魅力的なことであろう。役行者は晩年に、反逆者の汚名を着せられて時の政府から追いかけられる。この役行者は、超人的な力をもつと言われており、自分1人なら逃げられた。しかし、母がつかまったために、その母を助けようとして自ら縄についた(総本山金峯山寺、2010)と伝えられる。この故事を振り返りながら、「吉野・大峯」を旅する親孝行の旅も趣深い。

　続いて、平安時代の吉野の「再生と再起」そして「自然と一体化」する旅の物語を紡いでいく。高野山[31]を開いた空海も吉野と結びついている。櫻本坊のすぐそばの大和三名園の1つである群芳園で知られる竹林院[32]は、寺伝によると、818(弘仁9)年に、空海が金峯山修行の際に参籠したと伝わる(パーソナル企画他、2007)。

　また、皇室や貴族の金峯山詣では、平安時代に再び行われるようになった。藤原道長も、1007(寛弘4)年に吉野に詣でて埋経を行っている。吉野での祈祷の後、1008(寛弘5)年に一条天皇と道長の娘である彰子に、後に後一条天皇となる皇子が生まれた。この皇子の誕生が、道長のその後のさらなる栄華につながった。道長は、1016(長和5)年には摂政に就き、位人臣を極め藤原氏の全盛期を築いた。

　旅人は、金峯山寺に参詣して、藤原氏の栄枯盛衰を振り返るのも面白いであろう。つけ加えれば、奥千本に近い金峯神社は道長ゆかりの大和国金峯山経塚出土品を所有している。

　平安末期には、西行が吉野に隠棲した。北面の武士[33]の佐藤義清(のりきよ)は、23歳で出家し西行と名乗って、吉野に草庵を結びそこに3年も過ごしたと言われる。この西行は、吉野の桜を多く歌に詠んでいる。そのなかに、以下のような歌がある。

　　「吉野山　梢の花を見し日より　心は身にも添はずになりき」

　この歌は、心が離れてしまうほどの美しさであると、吉野の桜をほめたたえている歌である(宮坂、1979)。

　さらに奥千本には、西行が隠遁したと言われる西行庵跡があり、現在、ここに

は古びた庵が建てられている。ここで旅人は都を離れ、吉野の自然に心をゆだねた西行の心を偲ぶことができる。

　吉野は、平安末期の源平の戦いとも結びついている。源義経は、平家を滅ぼした後に、兄の源頼朝に忠誠を疑われた。そのため義経は、最愛の愛妾、静御前とともに吉野に逃げ込んだと言われている。金峯山寺近く、吉水神社[34]の室町時代の初期書院造りの傑作として知られる書院[35]には、義経潜居の間と称される部屋がある。また、金峯神社の近くには、義経が潜んだと伝えられる義経かくれ塔がある。

　源義経は、女人禁制の熊野奥駈道をたどり、落ち延びるために、金峯神社のあたりで、吉野でともに過ごした静御前と別れた。別れた後、静御前は捕えられ、中千本の勝手神社で舞を演じて、山伏たちを魅了したとの伝説も残る（宮坂、1979）。一方、金峯山寺でも、静御前が蔵王権現に義経の無事を祈り、謡を奉納したと伝わっている。

　金峯山寺を遠く望める吉水神社からの絶景や、金峯神社周辺のうっそうとした森に、義経と静の心情を想像する旅は、若いカップルの心の琴線に触れることであろう。

　続いて、中世の室町時代初期、吉野には南朝が置かれ都になる。吉野には、南朝を開いた後醍醐天皇をはじめとする皇族や家臣たちの物語を味わう場所も多々残されている。近鉄吉野神宮駅からの吉野山の登り口にある吉野神宮[36]は、後醍醐天皇を祀るために、明治時代に創建された。吉野神宮は、京の都を想った後醍醐天皇を偲び、北向きに建てられている。

　金峯山寺には、南朝の時代の行宮[37]の跡と伝えられる場所がある。その行宮跡には、後醍醐天皇、後村上天皇、長慶天皇、後亀山天皇と続く南朝の4人の天皇と、南朝の忠臣たちを祀る南朝妙法殿が建てられている。この行宮跡には4人の天皇の歌碑も立っている。もう1つ、吉水神社も、南朝の皇居だったと言われており、後醍醐天皇玉座と伝わる部屋や、ゆかりの品と伝えられる宝物を見ることができる。

　谷を隔てた如意輪寺も南朝と関わりが深い。ここは、もともと金峯山寺の塔頭として創建されたが、後に後醍醐天皇勅願所となった。そのためか、寺の隣には、後醍醐天皇陵がある。如意輪寺の宝物殿には、後醍醐天皇の念じ仏と伝えられる木造蔵王権現像が安置されており、また楠正行の辞世とされる歌を刻んだ扉も展示されている。

　このように吉野では、様々な場所で、京の都での政権回復を願い、画策した、南朝の人々のロマンに心を寄せることができる。

如意輪寺本堂

　安土桃山時代には天下人が吉野を訪れた。豊臣秀吉が、ここ吉野で壮大な花見の宴を開いたのである。1594 (文禄3) 年に、豊臣秀吉は、徳川家康、前田利家、伊達政宗などの名だたる武将と正妻のねねなど、実に総勢5000人を引き連れて、吉野に向かったと言われている。この一行が着くと雨が3日間も降り続いたために、吉野全山の僧侶が晴天祈願を行った。その後、雨はやんで宴は無事催されることになった。このとき、秀吉は金峯山寺にも参ったという記録が残されている (エヌ・アイ・プランニング、2014)。

　現在の蔵王堂は1592 (天正20) 年頃の再建であり、豊臣秀吉は我々が目にする巨大な、しかも真新しい蔵王堂を拝観したことになる。想像をたくましくすれば、この花見に備えて蔵王堂を再建した、とも考えられる。

　秀吉は花見の合間に能会や歌会やお茶会も開いた。秀吉の本陣となった吉水神社には、秀吉が被ったと言われる翁の面や秀吉愛好と言われる金屏風などが伝わっている。

　また、秀吉はこの花見で「とし月を　心にかけし吉野山　花の盛りを今日見つるかな」、と歌っている。これは、天下人になったらと夢に見ていた吉野の桜を、自身が今まさに愛でているという歌である (エヌ・アイ・プランニング、2014)。

　吉野にある竹林院の池泉回遊式の名園であり、大和三名園として知られる群芳園は、この花見のために千利休が桃山風に改修したものであるという。また、現在の吉野水分神社は、秀吉の子の豊臣秀頼が、1604 (慶長9) 年に再建したものである。ここの本殿は、春日造りの主殿に対して左右流造の3殿が1棟につながるという、三社一棟形式の建物である。この本殿は、桃山形式の神社の貴重な遺構として、国の重要文化財に指定されている (奈良県高等学校教科等研究会歴史部会、2007)。

　このように、吉野の寺社を巡ると、旅人は、天下人である秀吉の心情やその臣下でありライバルであった戦国武将たちの思い、そしてわずか2代で滅びた豊臣

家の悲劇など、戦国末期のロマンを感じとることができる。

　興味深いことに、ここ吉野の伝統産業である吉野杉と秀吉との関係も見出される。実は、室町時代から吉野の名を天下にとどろかせた吉野杉の植林がはじまっており、秀吉は、吉野の天然杉の巨木を大坂城や伏見城の建築に使用したとされている（株式会社イムラ、2015）。もちろん、金峯山寺、吉野水分神社などの桃山時代から江戸初期の吉野の木造古建築にも、吉野の杉は使われたと推察できる。

　旅人は、寺社に参りながら、杉山を眺めながら、天下人と吉野の木材との意外な関係をめぐる歴史ロマンに浸ることができる。また旅人は、旅館で吉野材のテーブルを使って杉箸で料理を楽しみ、吉野杉の酒樽で醸された地酒を呑みながら、吉野の木材業の栄華と盛衰に想いを馳せることもできる。

　吉野の歴史に一歩踏み込むと、旅人は源義経、南朝、豊臣家の物語が、いずれも栄枯盛衰を経ての滅びの歴史であることを容易に理解できる。そのことから考えると、吉野は判官びいき[38]の強い日本人には、たまらない要素に満ちているということもつけ加えておく。

　江戸時代に入ると、「再生と再起の山」、「自然と一体化する山」である「吉野・大峯」に関しては、その歴史的遺産を多くの文化人が訪ねたり、吉野の歴史を文献で辿ることで、そこにヒントを得た文学作品が作られるまでになる。つまり、歴史を紡ぐ吉野の物語化が、すでに江戸時代にはじまっていることになる。

　この江戸時代の文化人とは、松尾芭蕉、貝原益軒[39]、本居宣長、与謝蕪村[40]、良寛[41]などである。彼らは、それぞれに吉野の紀行文を残している。また『妹背山女庭訓』や『義経千本桜』[42]などの、吉野を舞台にした人形浄瑠璃や歌舞伎の名作も創作された。

　松尾芭蕉は、1684（貞享元）年の秋と1688（貞享5）年の春の2度にわたって、吉野を訪れた。その様子を『野ざらし紀行』と『笈の小文』に記している。『野ざらし紀行』では、「山賤の家処々に小さく、西に木を伐る音東に響き、院々の声心の底にこたふ」と林業と修験道の地である吉野を記している（津田、1993）。芭蕉は、また西行の草庵の跡も訪ねている。そのためもあってか、吉野山駅近くには、『笈の小文』に収められた「よし野にて　桜見せうぞ　檜の木笠」の句碑が立っている。

　江戸中期の国学者の本居宣長は、古事記伝を記したことで名高く、この関係から彼の古代への憧憬は深いものがある。また「敷しまのやまとごゝろを人とはば朝日ににほふ山ざくら花」と、日本人の心を桜になぞらえて詠んだだけあり、桜好きもなみなみならないものがある（桐井、1993）。

当然ながら、吉野に対する思いも強い。宣長は1772（明和9）年、42歳の春に、念願の吉野に花見に出かけている。その様子は、『菅笠日記』に記されている。そのなかで吉野水分神社と宣長との深い縁について次のような感慨を記している。一部を要約すると以下のような内容である。「みくまりを訛って平安時代には御子守の神と言っているが、今（江戸時代）はただ子守といって子孫繁栄を祈る神様となられている。この吉野水分神社の子守の神に、亡き父が祈ってくれたからこそ、今自分がこの世にある。母はたびたびこう自分に聞かせたが、その母も今はいない。亡き父母への悲しみとその恩への感謝の思いに涙が流れる」。この時、宣長にとって吉野水分神社参詣は2度目であり、その最初は13歳の7月のお参りであった。彼は、亡くなる2年前、70歳近いときにも吉野水分神社に参詣、生涯で合わせて3度吉野に詣で、自宅でも毎朝吉野水分神社の方角を拝んだという（桐井、1993）。このように、宣長は吉野に対して、学問的な興味に加えて、親の恩に応えるという深い関わりをもっていたことが見出せる。

『菅笠日記』では、前述の天武天皇の「よしのよくみよ」の歌に触れて、これを旅のきっかけにしている。宣長は、吉野川を挟む妹背山をみた後に、道すがら桜を愛でながら金峯山寺、櫻本坊、勝手神社、竹林院、吉水院（今の吉水神社）、吉野水分神社、金峯神社、西行庵の跡などを訪ねた。彼は、今は廃寺となった世尊寺や安禅寺にも参詣している。金峯山寺では、3体の本尊についても記しているため、この3体は当時は秘仏ではなかったようである。

宣長は、金峯山寺や吉水院では、後醍醐天皇はじめ南朝の人々を偲んで、金峯神社では義経を想っている。そして、宿では「朝日のはなやかにさし出たるほど、木々のこのめも、はるふかき山々のけしき」と、吉野山の春の朝の美しさをたたえている（桐井、1993）。彼は『新古今和歌集』[43]の西行の歌である「吉野山やがて出でじと思ふ身を　花散りなばと人や待つらん」の歌を引用することで、このまま吉野山に住み着いていたい、とさえ記している（桐井、1993）。

江戸後期の歌人良寛も、西行の生き方に憧れて吉野を訪ねている。その旅について、「吉野の花がたみ」という一文を残している。彼はその文に、泊めてもらった家の翁が、桜が散るのを惜しんで夜なべで作る花かごを土産にもって帰りたい、と記している（津田、1993）。

書道の達人だった良寛に想いを馳せて、吉野の宿から、大海人皇子が伝えたという吉野紙で奈良の墨と筆で手紙を書くなどは、吉野への旅を物語化するのにふさわしい遊び方である。

このように、江戸時代の先人たちの気持ちに沿って、「吉野・大峯」をめぐり、

たとえば天武天皇、西行、義経、後醍醐天皇の心を思うのも、歴史を二重に楽しむ高度な旅の在り様であろう。

　他方で、吉野の宿で吉野の歴史を舞台にした歌舞伎の名作を読むのも、また味わい深い吉野の旅の物語の作り方であろう。吉野ゆかりの歌舞伎に『義経千本桜』がある。これは1747（延享4）年に大坂で人形浄瑠璃として初演され、翌年に、江戸で歌舞伎としても上演されることになった。『義経千本桜』は、源平の戦いの後に実は生き残っていたという設定の平知盛や、頼朝から疎まれた源義経と静御前が、吉野などへ都を落ち延びた後を想像して描いた物語である。この作品は、世にいう歌舞伎の3大名作[44]とも謳われている。

　また、1771（明和8）年に人形浄瑠璃と歌舞伎で初演された『妹背山女庭訓』も、実は吉野ゆかりの名作として知られる。この作品は、桜が満開の吉野川を挟み、相思相愛の男女が、思いを遂げられずに死を選ぶという、山の段で著名な人気演目である。

2.「吉野・大峯」の物語の提示対象と提示方法

　ここでは、旅にいざなう顧客のターゲットについて探り、「吉野・大峯」の物語を、誰に、いかに提示していくべきなのかを述べていく。「吉野・大峯」の物語を伝える主要なターゲットは3つある。まず1つ目は、60歳代となった団塊の世代を中心とする、いわば人生を省みる時期にきた中高年世代である。続く2つ目は、2020年の東京五輪に向けて、年間2000万人の誘致を目指す外国人観光客、とりわけ日本に憧れをいだいて長期滞在をしようとする顧客である。最後の3つ目は、最近若者に増えてきた、地域の可能性に期待を寄せる、大都市中心の考え方に飽き足らなくなったグループである。

　いずれのターゲットも、これまで「吉野・大峯」を訪れてきた顧客とは、旅に対して求めるものが異なっている。当然ながら、物語の語り口も、それこそターゲットごとに違ってくる。

　ここで設定する3つの主たるターゲットこそが、今後「吉野・大峯」の物語を認知して興味をもつ可能性が大きく、その上で現地の情報を自ら調べて訪問することで吉野に共感し、ついにはファンとなっていく人々であると言えよう。この3つのターゲットから吉野のファンとなった人々が、地域の魅力を自ら発信することでさらにファンを増やしていき、「吉野・大峯」へのリピーターを増やしていく好循環が期待される。

(1) 中高年世代に対する物語の提示方法

　まず、この項では中高年世代を考えることにする。このグループに対しては、前節で記した「再生と再起の山」、「自然と一体化する山」という「吉野・大峯」の物語の提示が比較的容易である。というのも、他の2つのグループと比べて、天武天皇にはじまる歴史アクターへの知識が豊富だからである。しかも、人は年をとるにつれ寺社や自然を好む傾向が強くなる。

　そのために、このグループには、歴史物語を素直に提示していくことができる。しかし、このグループの中心になる団塊世代に対しては、活字メディアのみでの提示を行っても効果は少ない。

　効果を上げるためには、映像、写真、音声、文字、実体験などを組み合わせた提示が必要になってくる。また、チャネルの選択としては、以下のような3つの方向がある。まず1つ目は、映画、テレビ放送、ラジオ放送、新聞、雑誌、書籍などのマスメディアである。続く2つ目は、ホームページ、SNSなどのインターネットである。最後の3つ目は、イベント、講演会、口コミなどの直接訴求である。

　この3つのチャネル選択の方向については、従来のようにマスメディアのみでよしとするのではなく、むしろインターネットや直接訴求を組み合わせた提示を行うことが重要になっていく。チャネルを組み合わせることにより、人々への「吉野・大峯」の魅力の浸透は、認知段階、興味をもつ段階、自ら調べる段階、実際に訪問する段階、リピーターとなりその土地への共感が醸成される段階に移行していく。その結果、ファンが生まれ、彼らが情報を発信していくようになる。

　まずはマスメディアについて考えてみる。吉野との相性のよいマスメディアとしては、電波ではBS放送とラジオ放送が考えられる。活字メディアのなかでは雑誌が特に有効と考えられる。

　BS放送では、日本の地域を取材した番組が、すでに多数放送されている。こうした番組で、吉野ゆかりの歴史アクターと吉野の寺社や産品などのコンテンツを結びつけた歴史紀行番組を制作してもらうことなどは、「再生と再起の山」、「自然と一体化する山」である「吉野・大峯」という地域ブランドを、それこそ強烈にアピールする材料になる。

　実は、このBS放送の番組の視聴率は、現時点では1パーセントにも満たないものが多い。しかし、全国に約5000万世帯があると考えるならば、たとえ1パーセントでも、視聴者は50万世帯にもなる。このことから、BS放送は、活字メディアと比較して認知度をあげる効果が大きいと考えられる。

一方、ラジオ放送は、かつて深夜放送になじんだ団塊の世代にとっては、現在でもきわめて近しいメディアになっている。これに加えて、ラジオ放送は目の衰えが進む中高年にとってはきわめて優しいメディアでもある。また、近年では、インターネットを通してラジオを聴くらじる★らじる（NHKネットラジオ）やradiko（ラジコ）もはじまっており、ラジオがネットとの相性がよいことが知られるようになった。

　ラジオ放送はテレビ放送とは異なって、ゲストは必ずしも著名人ばかりではない。たとえば、寺社関係者や歴史研究者などもよく出演している。しかも、ラジオ放送は出演者が長時間話すことができる番組が多くある。吉野ゆかりのゲストが「吉野・大峯」の物語を語ることは、顧客が認知段階や興味をもつ段階においてきわめて重要な対応と考えられる。

　他方、活字メディアのなかでは、特に雑誌の効果が大きいと推察できる。春や秋の旅のトップシーズンになれば、京都や奈良は、旅関係の雑誌を中心にした特集が、必ず組まれている。そこで、「吉野・大峯」とゆかりの歴史アクターを切り口にした特集を組んでもらえば、吉野の認知を高めることができる。しかも、雑誌はモノとして手元に残るだけに、顧客が興味をもったり、自ら調べたりする段階になった場合には、たとえばインターネットでの検索に関わる素材にもしやすいという利点もある。

　それでは、2つ目のインターネットにおいては、いかなるチャネルが有効だろうか。ネットは、顧客が認知をして、その後に興味をもち、自ら調べる段階において、多大な力を発揮することは、周知のことであろう。現在の我が国の中高年は、パソコンやスマートフォンなどを介してネットにつながっており、これらの使用方法にも精通している。また、レジャーに出かける際にも、ネットを駆使して目的地などを探すことも普通に行っている。

　そこで、これからはこうした状況に対応したインターネットを活用した物語の提示が必要になってくる。たとえば、市町村や市町村の観光協会のホームページなどにおいて、「吉野・大峯」の歴史遺産を、源義経や豊臣秀吉などの著名な歴史アクター単位に整理してから提示していくことが、この活用事例としてあげられる。

　こうした著名人の心情に寄り添った旅においては、個々の旅人の主観が大きいために、次第にその手本になる心情の提示を行うような発信も、また重要になる。これは、「吉野・大峯」に対する熱烈なファンや地元の人が、たとえばSNSなどを駆使して、「再生と再起の山」、「自然と一体化する山」というコンセプトを踏

まえて、著名人、歴史遺産、伝統産品を結びつけながら、発信者自身の主観を取り込んだ物語を提示していくことを意味している。

　こうした発信は、「吉野・大峯」への訪問後の共感形成段階においては、さらに重要になってくる。なお、「吉野・大峯」のSNSでの発信者としては、すでに前述の田中利典がおり、奈良県全体では鉄田憲男を中心にする「奈良まほろばソムリエの会」が活動している。前者の田中利典は、吉野の自然や歴史の魅力をフェイスブックで発信している。後者の奈良まほろばソムリエの会は、奈良まほろばソムリエ検定[45]の最高位の取得者を中心にするグループであり、普通の人が気づかない深い奈良の魅力をアピールし続けている。この会の会員は、フェイスブックやブログなどのインターネットからの発信もさかんに行っている。

　3つ目の直接訴求としては、イベントや講演会などが主体となる。イベントや講演会は、確かに費用や手間が大きいが、それでも認知から共感、発信にいたるすべての段階においてかなりの効果を発揮する。なお、これらについては、吉野で行われるものと吉野以外で行われるものとに、二分される。

　前者の吉野での直接訴求では、秘仏の特別開扉の活発化とそれらの所有者間の連携が重要である。すでに、金峯山寺は2020年までの間に、日本最大の秘仏本尊である3体の蔵王権現を毎年開扉することを決定しているという。そこで、この開扉と併せて、他の寺社も連携することが有効な策と考えられる。つまり、同時期に秘仏や秘宝を開扉したり、あるいは開扉しないまでも常設の仏像や宝物のプレゼンテーションを行ったりする、ということである。もちろん、このような展示の実践は、前述したコンステレーションを紡ぐ歴史アクターを絡めながら行うことが重要になる。

　後者の吉野以外での直接訴求は、どんな工夫が必要であろうか。関西に比較すると、東京周辺でのイベントが効果的と考えられる。そのわけは、東京方面の人々のほうが、関西などそれ以外の地域と比較して、「吉野・大峯」への"憧れ"が強い、と実感できるからである。吉野町は、町としてすでに東京方面での直接訴求に活発に取り組んでいる。世界遺産の「紀伊山地の霊場と参詣道」が登録されて10周年を迎えた2014年には、様々な講演やイベントが東京で開催された。こうした取り組みを今後も持続するための、新たな計画や手法、そして資金の調達が、今後の課題になってくる。

(2) 外国人への物語の提示方法

　次に、外国人について考えてみたい。ここまで筆者は、歴史上の著名人を切り

口にして、彼らを伝統産品や寺社などのコンテンツに結びつけて、「吉野・大峯」の物語を紡ぎ直すべきである、と主張してきた。

ところが、外国人には、天武天皇、源義経、豊臣秀吉と言っても全く通用しない。外国人に対して「再生と再起の山」、「自然と一体化する山」である「吉野・大峯」の物語を、いかに伝えていくか、どのようなチャネルを選ぶかについては、もう一段の工夫が必要になってくる。

近年、日本を訪れたいと考える外国人、あるいはすでに滞在している外国人の多くは、その旅の目的地として、より日本らしい場所を求めている。当然そのなかには、ポップカルチャーなどに見られる新しい日本文化に興味をもつ人も多くいる。しかし、日本特有の歴史、産品、食などに見られる伝統文化を体験したいという人が多くいるのも事実である。また、マンガやアニメに興味をもって来日した外国人が、アニメの原点とも言われる国宝の絵巻物である鳥獣人物戯画[46]を鑑賞することで、伝統文化に興味をもちはじめることも多いと言われる。

筆者は、こうした人々にとって「吉野・大峯」はきわめて魅力的な訪問地になりうると考える。というのも、ここ吉野には1300年を超える歴史を、著名な歴史アクターや歴史遺産とともに味わうことができる「物語」が存在するからである。

また、「吉野・大峯」には、紙や杉など伝統産品や、葛や柿の葉寿司などの伝統的な食の名物もある。そのため、これらを使い、歴史と結びついた物語を描くことが容易である。さらに「吉野・大峯」を、天川村も含めたゾーンと考えれば、洞川温泉などの外国人に人気のある温泉もコースに取り込める。実は、多くの外国人が好むハイキングやトレッキングについても、吉野町はもとより、壮大な自然が残る大台ケ原や天ノ川沿いも、吉野の旅館街を起点にすると、日帰り圏内のコースになる。

このように、ここ吉野が、水と緑豊かな自然に抱かれ、かつ日本史を彩る地であるという希少性を、外国人旅行者に広く訴えられれば、外国人の目が「吉野・大峯」に注がれることになる、と筆者は考える。

こうした「吉野・大峯」への訪問を期待できる外国人は、京都や奈良への旅行を済ましており、さらに深く日本の歴史や自然を味わいたいと考えるような人々である。つまり、日本へのリピーターや日本の長期滞在者が大部分である。彼らに「再生と再起の山」、「自然と一体化する山」である「吉野・大峯」の魅力を届けるためには、吉野に詳しい外国人自身の発信が有効であろう。その理由は、習慣や言葉の壁を乗り越えて、日本人では理解しにくい外国人自身の心情によりそって魅力を提示できるからである。

たとえば、最近ではどこの自治体にも、外国人の英語の教師が活躍している。吉野近辺のこのような外国人たちに、まずは「再生と再起の山」、「自然と一体化する山」である「吉野・大峯」の物語を学習してもらい、これらの外国人自身からインターネットなどで「吉野・大峯」の発信を行ってもらうことが、第一歩になるのではないか。
　なお、情報の発信先としては、日本国内の在日外国人、そして近年日本への観光客が増大している中国人やタイ人やインドネシア人など、来日ビザが緩和されたアジアの国々の人々が考えられる。その際に、吉野の歴史との関わりの発信には、外国人にとって、わかりやすい表現や文脈が必要になってくる。
　一例をあげるならば、天武天皇や西行や本居宣長などを、ターゲットとするアジアの国々の歴史的著名人にたとえることを提案したい。こうすることで、それぞれの国との比較なども交えたある種の歴史物語としての提示が可能になる。そのためには、ターゲットにする国の人そのものを巻き込んだ誘致戦略が必要になってくる。
　近年、山梨県が、自治体職員にインドネシア人を雇い、また地元サッカーチームにインドネシア人を招きながら、インドネシアからの観光客誘致に成功している。この方法は、まさに呼び込みたいと考えている国の人自身が、地域の魅力をその国にカスタマイズして発信する、というアプローチである。
　以上のように、外国人に吉野に注目してもらい、さらには関心をもってもらうためには、たとえばコンセプトの翻訳や、情報を的確に伝えられる媒介者が不可欠になる。こうしたプロセスは、顧客自身が現地について調べる、訪問する、そして共感するという、いわば一歩進んだ先の段階においてはますます重要になってくる。

(3) 若い世代に対する物語の提示方法

　「吉野・大峯」のターゲットの最後は、若い世代の人々である。近年、特に東日本大震災以後には、若い世代の地域志向が強まっており、いわゆるIターンやUターン、さらに最初から故郷を離れない人も目立ちはじめている。その背景には、日本全体に起きていると筆者が考える5つの流れが存在している。
　1つ目の流れは、経済成長の鈍化に伴って、絶え間なく発展することで人々を集めてきた大都会の魅力が減少したことである。2つ目の流れは、経済発展により大都会と地域とのインフラなどの格差が縮小して、相対的な地域の魅力が増大したことである。3つ目の流れは、少子化によって地域から大都会へ、学んだり

働いたりするために暮らしを移す人々が減少して、人々の目が地域に向けられていることである。4つ目の流れは、経済が成熟するにつれて、逆に経済では測れない、地域がもつ自然や人とのつながりに見出される豊かさが見直されていることである。そして、最後の5つ目の流れは、IT（インフォメーション・テクノロジー）の発達によって、地域でも簡単に世界と直接結びつくことができるようになったことである。

こうした5つの流れに影響されていると考えられる地域志向をもった若い世代に対して、いかに「再生と再起の山」、「自然と一体化する山」である「吉野・大峯」の魅力を伝えていけばよいのか。若い世代は、情報を入手するのは、ITを経由するか、仲間内の口コミからが多くなっている、と言われている。彼らは、非常に大きなイベントや話題、そして事件に関してのみマスコミからの情報をえるという傾向が強い。しかも、そのマスメディアは活字メディアではなく、テレビ放送などの映像メディアである。そして、彼らの我が国の歴史に対するリテラシーは、外国人ほど低くはないのだが、中高年世代と比較すると劣っている。

他方で、近年の東日本大震災で多くの若い世代がボランティアで活躍したように、他人が困っている時に人助けをすることに対しては、むしろ彼らは上の世代よりもはるかに積極的である、と筆者は感じている。また、少子化の世代だけに、家族への思いは強いと言われている。さらに、社会的な栄達には淡白だが、自分の特性を知り自分を見つめ直しながら、個人として成長をすることに対しては、きわめて熱心な人も多く存在する。

若い世代のこのような特徴については、「吉野・大峯」の物語のコンセプトである「再生と再起の山」、「自然と一体化する山」との相性は良好である。しかし、「吉野・大峯」のコンテンツを、物語を紡ぎ直しながら若い世代の特徴に沿って提示していかないと、その魅力を効果的に伝えられないことになる。

そのためには、歴史的な著名人、歴史アクターを、一個人の視点から見直して、「吉野・大峯」の物語を組み直す必要が生じてくる。なお、ここでいう一個人の視点とは、たとえば役行者の母への思い、家族を捨てた西行の思い、最愛の義経と別れた静御前の思い、本居宣長の父母への感謝の思いなどのように、若い世代でも身近に感じるような視点である。

一個人の視点で物語を紡ぎ直すには、訪問者に「吉野・大峯」の物語を、イベントやボランティアや仕事などの実際の体験として提示するのが、より効果的になる。それは、今の若い世代のなかでは、書籍や友人との議論などを中心に自分の考えをまとめてきたその前の世代よりも、現場主義、経験主義的な部分を重ん

じる空気が強いと推察できるからである。

　それでは、若い世代へのチャネルはいかなるものを選ぶのがよいのか。マスメディアでのアプローチをしにくい若い世代に影響力があるのは、それぞれが興味をもつ、ある特定の分野に秀でた専門家やキーパーソンである。一時代前には、それこそ若者の教祖と言われる若者全体に影響力をもつキーパーソンが存在した。しかし、今はこうした存在は少なくなった。そのため、「吉野・大峯」の魅力を伝えるキーパーソン探しは、著名ではないが、ある特定層の若い世代には、熱烈な人気のある人物を細かく探していかなければならない。

　これは地道で難しい作業に思えるかもしれないが、「吉野・大峯」は小さな地域であることを忘れてはいけない。たとえ、キーパーソンが影響を与える人数が限られていても、「吉野・大峯」を潤すのに十分な人数に対して魅力を浸透させることは、それほど難しくはない。また、これらのキーパーソンが著名でない分、彼らに協力してもらうための説得がしやすい、というメリットも生じる。

　ここ吉野においては、伝達のキーパーソンとして注目すべきは、たとえば町づくりを担うコミュニティデザイナー、ボランティアのリーダー、ミニコミ誌などのジャーナリスト、陶芸家などのアーティストがあげられる。

　まず、これらのキーパーソンに、「吉野・大峯」を深く知ってもらい、キーパーソン経由で外部に向けて「吉野・大峯」を発信する。このことによって、若い世代にも少しずつ地域の魅力を届かせることができるであろう。

　具体的な方法としては、東京や吉野でキーパーソンが講師を務めるイベントや教室を開くことなどが考えられる。また、キーパーソンが「吉野・大峯」に定住しやすくする施策を行いながら、吉野在住者として全国に発信してもらえれば、さらに地域ブランディングの効果を発揮できる。

　なお、発信の方法としては、若い世代の共感の源泉となっているSNSなどのインターネット手段も駆使した展開が想定できる。筆者としては、若い世代には、吉野を第2のふるさととして、あるいは定住の場として選んでもらう段階まで進んでほしいと願っている。そのためには、若い世代の訪問が、1度で終りにならずに、これらの試みを共感の段階にまで進ませることが、今後の「吉野・大峯」地域のファンの増大に対して多大な貢献を果たすことになるであろう。

3.「吉野・大峯」への訪問者を増やすための課題と提言

　本節では、「吉野・大峯」への訪問者を増大させるための提言を行っていく。

すなわち何が課題で何を改善していったらよいのかについての具体的な提示である。まずヒストリーモール＝歴史遊歩道周辺のインフラ改善の必要性についての検討を行う。続いて、「吉野・大峯」をいかに旅するのかについて、ターゲット別にそのコンセプトとコースを考える。最後に、ヒストリーモールを動かす人とシステムの在り様を考える。結論を急げば、本節は「吉野・大峯」の、主に地域ブランディングを利用した、観光による地域振興のための政策提言でもある。

(1) ブランディングに即したインフラ改善の必要性

　金峯山寺を中心とする「吉野・大峯」は、ヒストリーモール＝歴史遊歩道というコンセプトを中心にして、これまで以上の地域ブランド価値を創造できる戦略的なゾーンである。しかしそこには、宿泊、飲食、景観、交通などの、観光インフラに関する5つの課題が残っていると筆者は考えている。

　まず1つ目に、景観の課題を見ていきたい。確かに、金峯山寺や吉水神社などの個別の寺社のなかでは、それぞれに素晴らしい景観が味わえる。しかし、こうした名所と名所を結ぶ尾根道、すなわちヒストリーモールの街並みの景観が、さほど上手に保全されていない。

　この課題は、「吉野・大峯」のみに特有なものでなく、我が国の多くの観光地全体にも言える。もちろん、我が国でも、街並み全体を保全する重要性はそれなりに認識されはじめている。それゆえ、城下町、宿場町、門前町などの全国各地に残る歴史的な集落や街並みが、重要伝統的建造物群保存地区[47]に指定されることによって、保存が図られるようにはなった。

　この重要伝統的建造物群保存地区は、2014年12月10日現在で89市町村において109地区が指定されている（文化庁、2015）。なお奈良県でも、橿原市今井町、宇陀市松山、五條市五條新町の3つの街並みが指定されている。しかし、吉野の街並みは、おそらく歴史的建造物が少ないこともあってか、現時点では指定されていない。

　この吉野では、過去から現在にいたるまで、旅人は寺社の間を歩いて移動してきた。それゆえ、街並みが美しくて歴史的な雰囲気が残っていることは、きわめて重要である。現在の景観の最大の問題は、道から眺めた金峯山寺仁王門に、なんと電柱と電線がかかってしまうことである。実は、最近、近隣の明日香村で電柱の地中化事業に取り組んでいる。ここ吉野町でも電柱の埋設に取り組むことが急務の課題と言えよう。

　景観の課題としては、吉野が吉野杉という全国的な地域ブランドである建築材

電柱と電線がかかる
金峯山寺仁王門前

の産地であり、集散地でありながらも、道沿いの建物が必ずしも伝統的な木造建築として建てられていない、ということもあげられる。吉野には、古くから吉野建てという山道の崖側に建てられ、出入口が2階や3階となる伝統的な建築様式がある。確かに、費用面や建築規制の問題はあるだろうが、吉野杉で建てられた吉野建ての建築を増やすことによって、伝統的街並みを復活していくべきである。

　2つ目の課題としては、道における賑わいの恒常化があげられる。道沿いには、多くの建物が、宿泊施設、飲食店、みやげもの店となって並んでいる。前述したように、ここで吉野葛などの全国ブランドの産品が歴史物語と結びつきながら効果的に展示され、何らかの体感を得られるならば、この道はまさに類い稀な魅力的なヒストリーモール＝歴史遊歩道に転換される。

　しかし、桜のシーズン以外には、店を閉めているところが多くある。新緑の魅力が溢れる大型連休にさえも、閉店している店が存在する。店側からみれば、桜のシーズン以外は採算があわないのかもしれない。しかし、このように、道沿いの店が櫛の歯が抜けたように閉じているために、街並み全体の活気が削がれてしまう。そこで筆者は、今後においては、シーズン以外には、他の業者へ店を貸し出すことへの援助などをして、賑わいの恒常化を演出する施策が必要になる、と考える。

　続いて、3つ目のみやげ物店と飲食店の在り様に関する課題について考察を試みる。この課題は、すなわちブランド産品を、各店がいかに個性化して販売していくか、という点につきる。吉野葛の実演販売をしている店があることは前述の通りである。たとえ同じ産品であっても、売り方、味つけ、食材、景観などにつ

第3章　歴史と人物と産品を一体化した歴史遺産の物語化　　　77

いて、各店がそれぞれにセールスポイントを明確にして販売するならば、多くの店が活況を見せるであろう。また結果として、ここ歴史遊歩道全体が賑わうことにもなる。

　昨今、ご当地グルメブームが生じている。多くの地域で、手軽ないわゆるB級グルメの特産品が、たとえば富士宮焼きそばや渥美半島どんぶり街道などのように、統一ブランドビジネスとして展開されている。そして、これらの統一ブランドにおいては、それぞれに地域が一体になってプロモーションなどを行っている。また、地域内の店舗が共同で使用食材や共通レシピを定める取り組みや、各店舗の特徴を記したホームページや無料地図の作成も多くの地域で行われている。さらに、食べつくしを誘導するようなインセンティブをつけたスタンプラリーを行っている地域も見出せる。

　吉野の柿の葉寿司や葛切りも、ご当地グルメとして捉えられる。そこで、以下において、特に柿の葉寿司を捉えたブランディングの手法を考えてみたい。柿の葉寿司は1口サイズで切り分けられ、手でもつまめるようになっている。これは、手軽さでは他に並ぶもののないほどの優れたご当地グルメとしての特性である。またこの柿の葉寿司は、もともとサバ寿司だったが、最近では鮭や小鯛なども使用されている。こう考えると、材料における個性化も可能である。

　さらに、吉野で作るのだから、豊臣秀吉や西行などの歴史物語に絡めた作り方をしても面白い。たとえば、豊臣秀吉は日本一が好きだったのだから、「秀吉柿の葉寿司」は、日本一の量のごはんで作ってもよいかもしれない。また、西行は桜を愛したのだから、「西行柿の葉寿司」には桜の花びらを入れてもよい。このように、一見他愛もない結びつきであっても、個性化の有力な材料になると筆者は考える。

　地域の連携においては、たとえば食べ歩きを誘導するために、各店がそれぞれに2貫ずつぐらいのセットものを作り、このセットものを食べ歩くスタンプラリーを案内するマップを作成するなどの工夫を行うことも、一案であろう。このように、吉野の今後においては、特産品を利用して地域が一体となったイメージづくりが重要な課題になる。

　さらに、4つ目の宿泊に関する課題を考えてみる。今後の吉野の活路として「吉野・大峯」というゾーンを捉えて地域ブランディングを行うならば、長期滞在やリピーターをも取り込む訪問地としての可能性が見えてくる。しかし、そのために、宿泊施設においては、以下の2つの課題を解決する必要が生じることになる。その1つは、宴会型宿泊施設からの脱皮であり、もう1つは吉野ならではの夜と

朝の楽しみの提供である。

　そこで、まず前者から考えてみたい。前述した「再生と再起の山」、「自然と一体化する山」としての「吉野・大峯」を楽しむ顧客は、次第に個人顧客や長期滞在顧客が多くなると予測される。ところが、吉野の宿泊施設は、ほとんどが従来型の旅館であるために、個人顧客、特に女性1人の宿泊や外国人の宿泊に対応している施設は数少ない。

　それゆえ、従来型から脱皮するためには、それなりに施設の改良や新設を行う必要が生じる。改良や新設の方向性は、吉野の新たな地域ブランディングのイメージと適合させることが重要になる。つまり、和の趣きを残しながら、1人でも気楽に泊まれ、夕飯も外で食べることが選択できて、また連泊しやすい、さらには比較的安価な施設という方向性である。

　続いて、後者の夜と朝の楽しみについて考えてみたい。「再生と再起の山」、「自然と一体化する山」である「吉野・大峯」の地域ブランディングのイメージから考えると、まず寺社との連携が第1に想起されることになる。

　すでに、金峯山寺では期間を区切り、夜間拝観を行っている。また、吉野ではないものの、奈良の春日大社では期間や曜日を決めて、朝6時半から「神主が案内する朝のお参り」という、誰でも参加できる参拝を行っている。こうした拝観では、昼間の拝観では味わえない、朝と夜の神秘的な寺社の姿を楽しめる。

　吉野では、宿泊施設のそばに数多の寺社が存在するのだから、宿泊施設と寺社との協力関係を密接にすれば容易に対応できるはずである。また、吉野では、本居宣長も讃えた山々の朝の美しさも魅力である（桐井、1993）。そのため、案内つきの、山の木々や小鳥の声などを味わえる早朝散歩などを定例化するのもよい手法である。これに加えて、歴史的著名人の吉野との関わりや、吉野の昔話などを語るミニイベントを、夜間に開催していくことも考えられる。これらは、宿泊施設が共同で行うのが効率的であろう。このように、宿泊の夜と朝を文化的、健康的な視点からデザインすることが重要になる。

　最後に、5つ目として、「吉野・大峯」の交通の課題を考える。まず吉野山地域内の交通では、歴史遊歩道周辺では、道が狭く自動車が通ることが難しいことがあげられる。しかしこれは、徒歩で歴史遺産をめぐるという吉野の魅力にもなっている。

　それでもさすがに、宿泊施設から遠い上千本から奥千本にかけての吉野水分神社や金峯神社、さらには谷を隔てた如意輪寺には、徒歩でお参りする人は少数である。そうは言っても、飛鳥で盛んな自転車は傾斜が急な吉野では難しい。施策

としては、ミニ電気自動車や、電動アシスト自転車、あるいはハンドル型電動車椅子などの旅人への貸し出しが考えられる。

もう1つの交通の課題は、歴史遊歩道のある山上と吉野の他地区との間の交通である。これは、すなわち、遊歩道沿いに泊まった顧客には、吉野町内の吉野離宮跡と伝えられる宮滝遺跡、歌舞伎で名高い妹山と背山の景観、吉野杉の製材所、吉野の酒蔵、吉野紙の紙漉きの工房などを訪ねるための交通手段が必要になる、ということである。

たとえば、宮滝に行くためには、現在は公共交通機関を使うとロープウェイで吉野駅まで下りて、ここから近鉄で大和上市駅まで行き、さらに少ないバス便を利用して目的地に向かわなければならない。結局は、ほとんどの場合にはレンタカーやタクシーを使うことになる。そのために、山上の宿泊者に対しては、山上以外の吉野の見どころへ、どこにでも案内できるような、小型バスやジャンボタクシーなどを使用するオプショナルツアーの開発が、大いに期待される。

以上で考察したような、景観、道の賑わい、飲食店、宿泊、交通という観光インフラに関する5つの課題を解決することこそが、「吉野・大峯」という地域ブランドをより強力なものにするために不可欠な条件になる。

(2) ターゲットに適合した旅のコンセプトとコース設計

ここでは、「吉野・大峯」への旅のコンセプトやコースについて、各ターゲットに対応すべく具体的に考えていく。これは、すなわち、「再生と再起の山」、「自然と一体化する山」としての「吉野・大峯」のツアーを楽しむのは、いかなる人たちの、またいかなる旅なのか、についての考察である。

1つ目は、関西などからの新しい形の1泊や日帰りのツアーの可能性についての考察である。交通から捉えた「吉野・大峯」の優位点は、関西の中心である大阪からの近さに見出せる。大阪南部のターミナルである近鉄阿部野橋駅には、2014年に超高層の商業ビル、あべのハルカスが開業しており、人気スポットになっている。

ここから吉野までは、近鉄特急で約80分で着くことができる。しかし実際には、桜の季節以外は、この特急は空席がめだっている。実はこの特急を活かすことで、吉野の夜と朝を楽しめる平日の1泊ツアーを開発することができる。このツアーについては、たとえば以下のような内容を想定することができる。阿部野橋を午後5時過ぎに出た特急は、6時半前には吉野駅に到着する。そこで、車中で吉野の歴史解説を行い、柿の葉寿司などの軽食も味わえるツアーにする。

旅人は宿で一休みして、金峯山寺などの寺社に夜9時前まで夜間拝観をする。その後は、宿または近隣の食事処で夕食を楽しむことになる。翌朝は午前6時ごろから散歩をし、または昨日行けなかった寺社に拝観にいく。午前8時すぎに吉野駅を出れば9時半前には阿部野橋に到着することができる。

　他方、夜間拝観を含む日帰りツアーも、またそれなりに面白い。旅人は午前中に宿に着き、そこで昼食をとり、午後はのんびりと寺社に拝観にいく。早めに宿に帰って、そこで夕食をとることになる。その後に、寺社の夜間拝観をしてから、午後9時半すぎの最終の特急で戻る。これでも、午後11時前には阿部野橋に到着することができる。

　筆者は、こうした短いながらも大都会とは異なった時間の流れを味わうツアーは、今後人気を呼ぶ可能性が出てくると考えている。これらのツアーは、東京圏においては、たとえば熱海や箱根の温泉などのツアーで組まれるようなタイムスケジュールになっている。しかし、寺社と自然を売り物にする吉野においても、こうしたツアーを企画することによって、新たな観光需要を発掘することができるであろう。

　このようなツアーは、パッケージツアーとしてもよいし、また、ホームページや観光パンフレットの上でのおすすめのコースにすることも考えられる。そのためには、吉野の宿泊施設や寺社がツアーを実現させる体制を整えることが条件となる。このような対応を行えば、桜以外の吉野を知らない人々が、吉野へのはじめての宿泊旅行を経験する際には、きわめて高い顧客満足の獲得を可能にするであろう。

　2つ目は、東京などの吉野から遠い大都会からの、たとえば2泊3日や3泊4日をすべて吉野で過ごすツアーの企画についての検討である。このターゲットは、たとえば東京で開かれる吉野についての講演会に参加するような歴史好きの人々である。

　吉野山のいくつかの寺社を拝観し、山を下りて紙漉きや酒蔵の見学をする。さらに足を伸ばしながら、広域の「吉野・大峯」に連なる天川村の天河弁財天[49]や洞川温泉などを訪れれば、3泊4日程度の旅程を組むことが可能である。このような、まさに吉野漬けともいうべき旅をした人は、その魅力によって、さらに「吉野・大峯」に強く引き込まれていくことが予見できる。そして、そのなかの何人かは、ついには長期の滞在をするようになることも期待できる。

　そこで、3つ目のツアーとして、週間単位の長期のツアーを企画することができる。たとえば、修験道を体験したり吉野のすべての寺社をめぐったりするなら

ば、それこそ1週間以上滞在しても退屈することなく過ごすことができる。しかし、その際の課題は、安価で長期滞在に向く宿泊施設の整備ができるか、ということになる。

ここまでのアイデアは、中高年層を主な対象にしたものである。それでは、第2のターゲットである外国人にはいかなるツアーがふさわしいのか。我が国に強い興味をもつ外国人から吉野を目的地に選んでもらえるようなツアーコースについて考えてみる。

外国人の吉野への主な出入口は関西国際空港ということになる。また、はじめて我が国を訪れる人も多いとも推察できる。しかし、初来日の場合には、目的地が吉野単独ということはほとんど考えられない。つまり、これが仮に日本の歴史を中心にまわるツアーであっても、当然ながら、京都や奈良などとの組み合わせとしての吉野行にならざるをえないのである。他に、京都、奈良などと組み合わせる目的地としては、関西に限定すれば、世界遺産の姫路城、日本最大の湖である琵琶湖などが容易に想起される。これらにおいては、それぞれに、京都や奈良とは異なる歴史的な魅力を外国人に対して、それなりに示すことができる。

それに対して、「吉野・大峯」が示せる魅力は、おそらく山の豊かな自然と寺社と修験道の組み合わせであろう。具体的には、外国人に吉野で寺社をめぐりながら修験道のミニ体験をしてもらうコースが考えられる。その際の外国人の宿泊先としては、吉野町に限定することなく、広く「吉野・大峯」にまで拡大して考えるべきである。これによって、避暑地としても著名な天川村の洞川温泉を取り込め、外国人に我が国の温泉文化を味わってもらうことができる。

他方、在日外国人の場合には、「吉野・大峯」という単独でのコース設定も可能である。このコースにおいては、すでに奈良、京都、鎌倉などをめぐり、我が国の伝統文化を気にいって、さらに深い、普通と少し異なる日本を味わいたいと思う外国人が主たるターゲットとなる。このコースでは、中高年の日本人と同様の寺社をめぐってもらうことに加えて、和紙や日本酒や杉製品の製造工程などという、まさに吉野ならではの伝統産業を見学できるコースも設定するというのが最大の特徴になる。

それでは、第3のターゲットである若い世代には、いかなる旅をしてもらえばよいのか。若い世代は、「吉野・大峯」の歴史の凄みに対しては、それほどの興味をもっていない。彼らは、将来的には地域に定住したい、地域貢献をしたい、という思いを抱く予備軍であると考えられる。そこで、以下に、こうした若い世代に向けての3種類の旅を提案することにしたい。これは、吉野・大峯親孝行の旅、

吉野・大峯定住体験の旅、吉野・大峯ボランティアの旅、という提案である。

　まず、親孝行の旅は、現在もよく行われている旅の1類型であることを知ることが重要である。この親孝行の旅は、実は、少子化などで親子の絆が強まるにつれて、次第にマーケットは大きくなっている。その目的地は、親が1度は行きたかった地、あるいは成人した若い世代が子供のころ、親子でかつて行った地に決定することが多くなっている。また、親子の双方がともに忙しいなかで、比較的空いている近場の温泉などに決まることも少なくない。このマーケットに対しては、役行者や本居宣長のような先人の親孝行を偲び、これを追体験してもらい、あらためて自分たち親子の関係を見つめ直す、というようなコース設定が期待できる。また、「吉野・大峯」が、親が1度は行きたかった地、親子でかつて行った場所であれば、吉野が目的地として選ばれる可能性はさらに増大するであろう。

　続いての定住体験の旅は、近年各地で実施されるようになってきた。この旅は、増大していると言われるIターンの若い世代の経験を聞いたり、農業や林業などの仕事を手伝ったり、それ自体が定住促進の取り組みの1つとなるコースである。

　最後のボランティアの旅を促進するには、その地域でボランティアをする動機になりえる、社会的な目的の設定が必要になる。たとえば、2011年の東日本大震災や紀伊半島大水害において、災害復興という目的で実際に多くの若い世代のボランティアが被災地に集ったように、である。

　ここ「吉野・大峯」には、前述のように、寺社や吉野の桜という歴史的景観がある。また吉野は、世界に対して保全を約束した世界遺産にも登録されている。これら文化的遺産を維持、修復、周知するという公共的な目的のためのボランティア活動を組み込んだ旅を企画するのは、どうであろうか。たとえば、毎年の風雨で傷んだ世界遺産の道の整備や道標の設置、文化財の修復、桜の世話や苗木の植樹など、「吉野・大峯」にはボランティアの協力を得たい仕事が数多くある。さらに、大学の歴史サークル、また歴史、美術関係の学部や大学院の学生ならば、「吉野・大峯」の歴史遺産の物語を、ボランティア解説員として、観光客に説明する役割を担うような企画も考えられる。

　もちろん、旅の全日程をボランティアに限定する必要はない。ボランティアを契機にしながら、若い世代が、「再生と再起の山」、「自然と一体化する山」である「吉野・大峯」の魅力を深く理解するための企画をセットで提供することも、重要である。

(3)「吉野・大峯」を動かす地域のプレーヤーの課題

　最後に、「吉野・大峯」の地域振興に携わる人々について考える。いかなる人々が地域振興のプレーヤーなのか、また、これらの人々はそれぞれの利害関係によってどのような動きをするのか、これらの人々の力を結集するには、いかなる施策が有効なのか、についても論じていきたい。

　さて、「吉野・大峯」の観光面を主にした地域振興のプレーヤーについては、大きく4つに分類することができる。その1つ目は、寺社など、直接に歴史遺産、歴史文化を継承、守り続けている人々である。なお、これらを以下においては寺社プレーヤーと呼ぶことにする。2つ目は、宿泊施設、土産物店、飲食店、交通機関などの「吉野・大峯」への観光客を直接的に迎え入れる人々である。これらを以下においては観光業プレーヤーと呼ぶことにする。3つ目は、林業、酒造業、紙漉きなどの吉野を支えてきた伝統的地場産業に従事する人々である。これらを以下においては地場産業プレーヤーと呼ぶことにする。そして、4つ目は、吉野町、天川村などの関係する自治体である。これらを以下においては自治体プレーヤーと呼ぶことにする。なお、筆者は、これらの4種類のプレーヤーが単独ではなく、まさに一体となって協力しあうことによって「吉野・大峯」への訪問客を増やすことができる、と考えている。そうは言っても、たとえ観光客の増加という目的への思いは同じでも、それぞれの利害や方向性は微妙に異なるのが現実である。

　第1の寺社プレーヤーの最大の関心事は、信仰、宝物、堂塔などの文化の維持と継承、そしてさらに広いターゲットへの周知である。それゆえ、観光客の増大は、その一手段でしかなく、多くが宗教法人で、1400年もの長きにわたって文化を守り続けてきただけに、比較的長期的な時間軸からものごとを判断する傾向が強く現われる。

　第2の観光業プレーヤーでは、訪問客の増大が自らの売り上げや利益と直結している。彼らは訪問客の増大には切実な利害関係が見出されるプレーヤーである。しかも、観光業プレーヤーは民間企業であるために、他のプレーヤーと比較すればその視点は短期的にならざるをえない。

　第3の地場産業プレーヤーも民間企業だが、彼らには自社の商品を域外で販売するという選択肢もある。そのために、彼らは、訪問客の増大という目的についての利害への直結度については、観光業プレーヤーに比較して低いと考えられる。その点では、地場産業プレーヤーは、観光業プレーヤーよりも、少し長期的視野に立つことができる。この地場産業プレーヤーの主たる関心事は、「吉野・大峯」

という地域ブランドの質と認知の向上にある。

　第4の自治体プレーヤーについては、長期的視野にたってバランスよく物事を判断できる、と言われている。しかし他方で、自治体プレーヤーは、利益の増加など、直接的成果に対するインセンティブが少なく、また自主財源も少ないこともあって、トライアンドエラーが許されにくいという制約条件が見出される。そのために自治体プレーヤーは、一般的には、スピード感がなく、思い切ったチャレンジをしにくいというような欠点が出てしまう。また、彼らの業務は、福祉、教育、高齢化への対応など、やるべきことが数多くあることもあって、現実には、訪問客の増大による地域振興のみに没頭できない状況に直面している。

　さて、訪問客の増大という政策目的について、利害関係が大きい順にあげると、観光業プレーヤー、寺社プレーヤー、地場産業プレーヤー、自治体プレーヤー、の順になるであろう。また、政策目的の実行に対して、短期的か長期的かということで言えば、短い順に、観光業プレーヤー、地場産業プレーヤー、自治体プレーヤー、寺社プレーヤーの順になるだろう。これら各プレーヤーの特性を踏まえて考えるならば、実際の政策の決定方法とその実行は、どのようになるのか。地域ブランディングや観光による地域振興の計画は、通常では以下のように決められることが多い。

　まず、自治体プレーヤーを中心に原案を立てる。その後に、観光業プレーヤー、地場産業プレーヤー、寺社プレーヤー、学識経験者などが集まった会議で議論を重ね、修正し改善して、基本計画を立案する。その基本計画を実行するにあたり、自治体プレーヤーは、補助金や優遇策や規制緩和などのインセンティブをつけて、観光業プレーヤーや地場産業プレーヤーに実行を促す段取りが行われる。

　このようにして決定された計画は、確かに整合性のとれた各所に配慮した公平な案とはなるかもしれない。しかし、民間のプレーヤーから見ると、スピードとチャレンジ性に乏しい案や、手続きなどが多いために使いにくい計画になる可能性も生じてしまう。

　また、吉野の文化に詳しい寺社プレーヤーや、吉野を支えてきた産業に詳しい地場産業プレーヤーから見ると、全体のバランスがよいことが、「吉野・大峯」に特有の精神を捉えた地域ブランディングや地域振興施策なのかどうか、という疑問を感じることもあるかもしれない。もちろん、公的な計画と施策を実行する前に、民間で様々な振興策を立案して、その後はトライアンドエラーのなかから、もっとも成功した計画を中心にしながら実施していくという市場主義的な考え方に依拠した方法をとることもできる。

しかし、観光業プレーヤーや地場産業プレーヤーのなかでも、規模の大小や、業種の特性によって、利害の差異が存在している。また、単独の企業としてはたとえ実行できても、業界として足並みをそろえにくいアイデアもある。こうした業界内の調整の煩雑さゆえに、自治体に音頭をとって欲しいというような、民間らしからぬ、ある種のリスク回避的な主張をするプレーヤーも多く見出される。この地域における公と民間の両すくみともいうような状況を、一体どのようにしたら解決できるだろうか。

　最近、とみに注目を浴びているのが、コミュニティデザイナーを活用した地域振興策である。これは、地域の外から、政策やその実行組織に対するデザインニングの専門家であるコミュニティデザイナーを巻き込む手法である。この手法は、コミュニティデザイナーが、利害関係がないメリットを活かしながら、キーパーソンになって地域振興策を推進していく、というものである。一見似ているように見えるかもしれないが、これは、従来型の主に東京の広告代理店やシンクタンクが地域振興計画を考えるやり方とは大きく異なった手法である。

　コミュニティデザイナーの役割は、あくまでも補助的、コーチ的、調整役的な役割に限定されている。つまり、地元の潜在力を巧みに引きだすような役割を担っていると考えてよい。具体的には、地元の意向を聞きだし、利害関係の異なるプレーヤー間の調整を行い、地元が納得するアイデアの原案を提言したりする。また逆に、地元から出されたアイデアを実行できる計画に育てていったり、その計画を実行できる組織作りをしたりもする。

　それゆえ、地道な作業で、細かいかじ取りが必要になるので、コミュニティデザイナーは、地元に住みこんだり頻繁に訪れたりして、計画をそれこそ一歩一歩と慎重に進めていく業務形態をとることになる。計画が順調に動きはじめれば、コミュニティデザイナーは地元を離れることになり、あとは住民自身の手で運営していくわけである。

　この方法は、2000年ごろから山崎亮とその仲間たちによって様々な自治体と協力して実行されている。兵庫県三木市の有馬富士公園の入園者の増加、島根県隠岐の海士町の活性化など、すでに多くの成果があがりはじめている（渡辺、2013）。こうしたコミュニティデザインの手法を、「吉野・大峯」の地域ブランディングと、これを活用した訪問客の増大のための実行に取りいれていくことも、一考に値する。

おわりに

　本章では、主に"憧れ"と"安らぎ"の聖地ブランド＝「吉野・大峯」を実現するためには、歴史遺産と人物と伝統産品を一体化した物語化、すなわちある種のコンステレーションデザインによる価値創造を行う必要がある、ということを論じてきた。

　第1節では、「再生と再起の山」、そして「自然と一体化する山」をテーマにしながら、豊富な歴史遺産と、歴史事象、人物、伝統産品を、コンステレーションのように結びつけることによって、「吉野・大峯」の物語を紡いできた。

　第2節では、この物語を伝えるべきターゲットとして、中高年世代、外国人、若い世代の3つをあげながら、それぞれのターゲット特性に適合した物語の伝え方についての考察を行なった。

　第3節では、それぞれのターゲットに、「吉野・大峯」に訪問してもらうための課題と施策の紹介を行った。まずは、新たに紡いだ物語に沿った、インフラの改善点を検討した。次に、ターゲット別に旅のコンセプトやコースのアイデアを提示した。最後に、こうした施策を実行する上での組織作りの課題を分析した。

　この章の結論を要約すると、以下の3点になる。

　第1は、「吉野・大峯」の豊富な歴史遺産は、歴史上の人物や地場産品と絡め、人の心をゆさぶる物語として提示することによって、はじめて地域ブランディングの材料になる、ということである。

　第2は、「吉野・大峯」に呼び込みたい顧客層を見きわめて、それぞれのターゲットにあった形態で「吉野・大峯」の物語を伝えることが重要である、ということである。

　第3は、「吉野・大峯」の物語のイメージと顧客ターゲットの特性に合わせたインフラの改善策と観光ビジネスの振興策を立案することと、その案の実行、評価、改善を繰り返すことが重要である、という主張である。同時に、そのためには、チャレンジングな計画とスピード感のある実行、そして、失敗した場合の再挑戦を許す柔軟な組織を作ることが必要になる、という主張である。

　この3つの結論は、吉野だけでなく、日本全国の歴史遺産をもつ多くの地域でも応用が可能であると筆者は考えている。

註

1 金峯山修験本宗総本山。役行者を開祖とする修験道の根本道場である。また、金峯山は吉野山から南の山上ヶ岳までの山々の総称で修行の場である。後に、山上へ参らない参詣も一般化し、吉野の蔵王堂が山の中心となった。金峯山寺は、世界遺産の構成施設であり、本堂と仁王門は国宝に指定されている。

2 634?–701年。役小角、役優婆塞ともいう。修験道の開祖であり、大和国茅原で生まれ、葛城山で修行し、大峯山を開いたと言われる。

3 生年不明–686年。第40代天皇（在位673–686年）。天智天皇の弟であり、大海人皇子時代に妻の鸕野讚良皇女、後の持統天皇と吉野に隠遁。天智天皇没後、壬申の乱（672年）で政権を掌握。

4 645–702年。第41代天皇（在位690–697年）。天武天皇の皇后であり、天智天皇の娘。飛鳥から藤原京へ遷都を行った。在位中たびたび吉野へ行幸した。

5 966–1027年。平安中期の公卿。1007年吉野に参詣し、1016年摂政に就く。一族の女性を次々と入内させ、藤原氏の摂関政治の全盛時代を築く。

6 1118–1190年。北面の武士として鳥羽院に仕えた佐藤義清が23歳で出家。諸国を行脚した歌の名手で、桜を多く詠み、吉野にも3年隠遁したと伝えられる。

7 1159–1189年。平安末期の源氏の武将。源頼朝の異母弟で、壇ノ浦で平家を滅亡に追い込むが、頼朝と対立。愛妾の静御前と吉野へ逃げ、別れた後に、奥州で討たれる。

8 1288–1339年。第96代天皇（在位1318–1339年）。足利尊氏らと鎌倉幕府を倒し、京都で建武新政をはじめたが、論功行賞を巡り尊氏と対立し、吉野に移り南朝を開いた。

9 1537–1598年。織豊期の武将。1585年に関白となり、1590年に天下統一。1594年に吉野で大規模な花見を挙行した。

10 1644–1694年。江戸前期の俳人、伊賀上野の人。1680年江戸に下って深川に住み、その後は生涯を旅に過ごした。1684年と1692年に吉野山を訪れている。

11 1730年–1801年。国学思想の形成によって後世に強い影響をあたえた江戸中期の国学者・歌人。『古事記伝』で知られる。父は伊勢松坂の商人で、生涯で吉野に3度参詣している。

12 長期的な記憶の創造行為。心理学における長期記憶を表す概念であるエピソードをマーケティングに応用した考え方である（原田、2014）。

13 エピソード（長期的な記憶）の具体的な形あるものへの転換がコンステレーションになる（原田、2014）。

14 延喜式神名帳では大社に列す。『続日本紀』には698年に雨を祈るため、馬を奉ったとある。世界遺産の構成施設で、本殿は桃山時代の特色を持つ国の重要文化財。

15 延喜式神名帳では大社に列す。奥千本入り口付近の標高850mに鎮座。金鉱護持の地主神として、また生物の枯れ死を防ぐ神として崇敬されてきた。世界遺産の構成施設。

16 『新古今和歌集』の歌人である西行が俗界を避けて3年ほど隠棲したところと伝えられる。

17 日本最大の秘仏本尊で、国の重要文化財。桃山時代の木造着色立像で高さは中央は7メートル28センチの本地釈迦如来、向かって右が6メートル15センチの本地千手観世音菩薩、左が5メートル92センチの本地弥勒菩薩である。

18 鎌倉時代の松材寄せ木造りで高さ4メートル59センチ。もとは安禅寺の本尊で国の重要文化財である。

19 葛城市の当麻寺中の坊、大和郡山市の慈光院、吉野町の竹林院群芳園をさす。

20	10世紀初頭に金峯山寺の塔頭として創建、後醍醐天皇の勅願所となった。その後南朝とともに衰退したが、江戸時代に本堂が再興され浄土宗となった。
21	神社本殿形式の1つ。春日大社本殿を代表例とし、切妻造り、妻入りで正面に廂をつける。
22	神社本殿形式の1つ。京都の上下賀茂神社が代表例で切妻造り、平入りの正面側を前にのばした形である。
23	672年に起こった天智天皇の弟・大海人皇子と子・大友皇子との皇位継承をめぐる内乱。吉野宮を脱出した大海人皇子が、東国兵を動員して勝利し、皇位に就き天武天皇となった。
24	14世紀に吉野を中心に、近畿地方南部にあった大覚寺統の朝廷。後醍醐天皇以後、後村上、長慶、後亀山の4代続き、足利氏の推戴する京都の持明院統の北朝と対立した。
25	俗生活を営みながら仏教に帰依した男性。
26	吉野から山上ヶ岳を経て熊野へと続く山道を駆け抜ける修験道の行。
27	1594年、天下統一後の豊臣秀吉が正妻ねね、徳川家康などを引き連れ今の吉水神社を本陣に行ったという。秀吉は吉野の桜を絶景と賞賛した歌を詠んだ。
28	吉野町宮滝付近の吉野川北岸にあった離宮。656年に造営。壬申の乱の前の半年、大海人皇子が隠棲した。
29	近松半二ほかの合作。1771年人形浄瑠璃と歌舞伎で初演。帝位を奪おうとする蘇我入鹿を、天智帝と藤原鎌足が討つ物語。桜が満開の吉野川を挟み、相思相愛の男女が、思いを遂げられず死を選ぶ山の段が有名。
30	645年に起こった中大兄皇子（後の天智天皇）と中臣鎌足（後の藤原鎌足）らによる蘇我氏本家の討滅にはじまる政治改革である。
31	今の和歌山県高野町にある山に、816年空海が嵯峨天皇の許可を得て、道場と僧坊をはじめとする堂塔を建てた。以来真言宗の本拠地として栄えた。
32	聖徳太子が吉野山に参詣した時に堂を建立し、椿山寺と号したことにはじまり、空海が金峯山修行の際に参詣したと伝えられる。南北朝の動乱後、御小松天皇（第100代天皇、在位1382–1412年）の勅命で竹林院と改めた。
33	白河上皇が組織した武力組織。院御所の北面に詰めたことに由来する。
34	元は吉水院と称し役行者の創立と伝える吉野修験宗の僧房。書院は初期書院造りの代表的傑作で国の重要文化財。世界遺産の構成施設である。
35	大広間、対面所とも。対面の儀を行う建物である。
36	旧官幣大社。1889年内務省告示で官幣中社吉野宮として創立。1901年官幣大社に昇格し、1918年に吉野神宮と改称した。
37	「かりのみや」とも。天皇行幸時に設営される臨時の御所である。
38	源義経を薄命な英雄として愛惜し、同情すること。義経が検非違使の尉（判官）であったことからいう。転じて弱者に対する同情やひいき。
39	1630–1714年。江戸前期の儒者、福岡藩士。『養生訓』などの道徳的教訓書で知られ、多くの紀行文も残した。
40	1716–1783年。摂津の人で江戸中期の俳人で画家。
41	1758–1831年。江戸後期の歌人・禅僧。越後に生まれ出家して諸国を行脚、修行した。
42	2代目竹田出雲、三好松洛、並木千柳の合作。1747年に人形浄瑠璃として初演された。翌年歌舞伎としても上演。源平の戦いの後に実は生き残っていたという設定の平知盛や、頼朝から疎まれた後の源義経と静御前が、吉野などへ都を落ち延びた後の物語を描いている。

43	1205年成立の勅撰和歌集。後鳥羽院を中心に藤原定家らの撰で『万葉集』、『古今和歌集』とともに三大和歌集として重んじられている。
44	『菅原伝授手習鑑』、『仮名手本忠臣蔵』、『義経千本桜』をいう。
45	奈良商工会議所が主催する、奈良の文化や歴史についてのご当地検定として、「奈良通2級」、「奈良通1級」、「奈良まほろばソムリエ」という3段階の資格が用意されている。なお、奈良まほろばソムリエの会は、最高位の奈良まほろばソムリエの資格者を中心とするメンバーで構成されている。
46	鳥獣戯画とも。平安後期から鎌倉前期の絵巻。4巻あり、うさぎや猿などの動物を擬人化した絵巻で、京都の高山寺に伝わってきた。
47	市町村からの申し出によって国が選定する。市町村が行う城下町、宿場町、門前町など全国各地に残る歴史的な集落や街並みの保存や活用を、国や都道府県が指導や助言、補助や税制優遇などにより支援を行う。
48	役行者が大峯開山の拠点としたと伝えられる。大峯修験の要の行場とされ別名天河神社ともいう。神仏習合をよく残し、山と水の信仰を根源とした。

参考文献

朝尾直弘・宇野俊一・田中琢編(1997)『角川日本史辞典』角川書店。

江戸克栄(2012)「エピソード価値による地域ブランディング―地域とブランド―」原田保編著『地域デザイン戦略総論』芙蓉書房出版、164–174頁。

エス・アイ・プランニング(2014)「太閤秀吉を童心にかえらせた吉野の大花見を絵解きする」『naránto(奈良人)』2014年春夏号、58–63頁。

朧谷寿(1996)『藤原氏千年』講談社。

笠原英彦(2001)『歴代天皇総覧』中央公論新社。

株式会社イムラ(2015)「吉野杉の歴史｜株式会社イムラ」
　　http://www.imura-k.com/house/yoshinosugi/history（2015年1月7日閲覧）。

鎌倉恵子(2012)『一冊でわかる歌舞伎名作ガイド50選』成美堂出版。

桐井雅行(1993)「菅笠日記　解説　原文抄　現代語訳」桐井雅行監修『吉野山桜物語』吉野町経済観光課、79–108頁。

金峯山寺(2014)「巡礼」
　　http://www.kinpusen.or.jp/pilgrimage/pilgrimage.html（2015年1月7日閲覧）。

佐佐木信綱編(1927)『新訓万葉集』上巻、岩波書店、51頁。

里中満智子(2000–2013)『天上の虹――持統天皇物語』1–10巻、講談社。

JTBパブリッシング(2007)『奈良大和路の古寺』JTBパブリッシング、168–171頁。

社団法人中小企業診断協会奈良支部(2010)「奈良発祥商品の調査報告書」社団法人中小企業診断協会奈良支部、9–18頁。

新村出(1983)『広辞苑』岩波書店。

総本山金峯山寺(2010)『蔵王権現入門――山伏・修験道の本尊』国書刊行会。

田中利典(2014)『体を使って心をおさめる修験道入門』集英社。

武中千里(2013a)「吉野　都の異郷の「やまと座」の二等星―日本史を彩る山としてのブランディング―」原田保・武中千里・鈴木敦詞『奈良のコンステレーションブランディン

グ』芙蓉書房出版、239–249頁。

武中千里（2013b）「天川　水の国の「やまと座」の二等星―歴史と自然を融合する水によるブランディング―」原田保・武中千里・鈴木敦詞『奈良のコンステレーションブランディング』芙蓉書房出版、195–203頁。

武中千里（2013c）「キャラクターと舞台を意識したエピソードメイク――都飛鳥のエピソードメイクの工程と三つの時代での実践」原田保・森川裕一編著『飛鳥　時空間ブランドとしての飛鳥劇場』芙蓉書房出版、81–122頁。

津田さち子（1993）「吉野山と西行」桐井雅行監修『吉野山桜物語』吉野町経済観光課、39–48頁。

奈良県高等学校教科等研究会歴史部会（2007）『奈良県の歴史散歩（下）奈良南部』山川出版社。

奈良商工会議所編（2009）『奈良まほろばソムリエ検定公式テキストブック』山と渓谷社。

奈良・吉野 ものづくりの里 国栖の里観光協会「吉野手漉き和紙」
　http://www.kuzunosato.jp/syoukai/index.html（2014年9月21日閲覧）。

原田保（2011）「括りと語りとつなぎのコンテクストデザイン論」原田保・三浦俊彦編著『地域ブランドのコンテクストデザイン』同文館出版、11–26頁。

原田保（2013）「コンステレーションから読み解く奈良のブランド」原田保・武中千里・鈴木敦詞『奈良のコンステレーションブランディング』芙蓉書房出版、25–35頁。

原田保（2014）「地域デザイン理論のコンテクスト転換」『地域デザイン』第4号、11–27頁。

文化庁（2015）「伝統的建造群保存地区」
　http://www.bunka.go.jp/bunkazai/shoukai/hozonchiku.html（2015年1月8日閲覧）。

宮坂敏和（1979）『吉野路案内記』吉野町観光課。

村田靖子（2011）『もっと知りたい奈良の仏像』里文出版。

渡辺直子（2013）『山崎亮とゆくコミュニティデザインの現場』織研新聞社。

第4章

アクターズネットワークによる地域ブランディング
―― 歴史と伝統産業を捉えた地域プロデューサーへの期待

紙森智章

はじめに

　地域ブランディングを実行する主体は多様である。しかし、その多様な主体のなかでも、主にプロデュース機能を担う人材としてのアクターの存在によって、地域のイノベーションの可能性が決定づけられる。そこで本章では、まさに地域ブランディングの実行主体となるアクターズネットワーク[1]の在り様についての考察を進める。

　「吉野・大峯」という地域におけるアクターを考える際に、まず確認すべきことは、他章でも触れてきたように過去に実在した歴史上の人物もアクターとなることである。天武天皇と持統天皇、役小角、西行、源義経、後醍醐天皇、そして豊臣秀吉など、「吉野・大峯」に縁のある著名人は数多く、さらに彼らは現代を生きる多くの人々に知られている存在でもある。彼らをして、コンステレーションを呼び起こすための主体とすることは（詳細は第3章を参照）、「吉野・大峯」という地域の価値を高める上で欠かせない要素となる。

　しかし一方で、今を生きる人々も地域ブランディングの主体となるべきであることも重要なポイントとなる。過去のアクターにばかり頼っていては未来への価値創造は難しいであろうし、そもそも歴史上のアクターたちを活かすためにも今の時代におけるアクターが必要であることは明らかであろう。

　そこで以下では、今を生きるアクターに注目し、第1節で聖地ブランドを継承するアクターとしての町衆と寺衆について、第2節では吉野の内部で存在感を示すアクターと、外部からプロデュース的機能を果たすアクターという視点での論述を行うこととしたい。

1. 聖地ブランドを継承するアクターたち

　周知のように、地域に文化を残すには、伝統行事を維持することが不可欠である。このことは、地域社会が先人の精神性を受け継ぎ、世代を超えて未来を形成していくための必須条件になる。

　幸いにも、吉野には若い世代がまだ残っており、近年では外部からの移住者も見られる。これらの吉野を愛する人々を中心にして、今こそ町に求心力をもたせるためのアクターの育成が急務の課題である。このような問題意識から、ここでは吉野に見出される聖地ブランドを継承するアクターについて述べていく。具体的には、「地域の年中行事を支える吉野のアクター＝町衆」と「聖地の宗教精神を受け継ぐ吉野のアクター＝寺衆」についてである。

（1）地域の年中行事を支える吉野のアクター＝町衆

　吉野山で行われる年中行事は、地元の若手により担われてきたが、急激に進む少子・高齢化や人口減少に伴い、地元で暮らす若者の数も大幅に減少している。しかし吉野の民俗文化や修験道の聖地としての歴史的背景を踏まえながら、吉野山の年中行事を、郷土愛を抱く地元の若者たちが担う活動が芽生えている。毎年4月3日に行われる吉野山の吉野水分神社[2]の御田植神事は、地元の若者4名から組織される「御田植神事保存会」により引き継がれている。彼らは翁面を被った

町衆（金峯山寺花供会式）

御田植祭

田男、牛の面を被った牛役を演じて豊作を祈る神事を行うことで、訪れた人々を楽しませている。

　金峯山寺の3大伝統行事の1つである花供会式（花供懺法会）は、毎年4月11日、12日に満開の桜のなかで行われる。これは桜の満開を本尊蔵王権現に報告する行事であり、古式ゆかしい時代絵巻を思わせる大名行列が本堂に向かう。この吉野山の春を代表する行列は10万石の格式をもつと言われており、これにふさわしい奴行列[3]が先頭を歩む。この奴を担うのが、地元の青年から代々構成される「奴保存会」である。これは、地域の子どもたちが幼いころから憧れる青年のハレの舞台でもある。

　また、これも金峯山寺の3大行事の1つである蓮華会・蛙飛び行事、蓮華入峯は、毎年7月7日に行われる。これは、開祖の役行者の生誕地である大和高田市の弁天池の蓮華を金峯山の諸神・諸仏に奉献するための法会であり、その際には108本の蓮の華とともに、蛙に扮した男を乗せた神輿が本堂を目指す。本堂では、蛙を人間に変えるという「蛙飛び」の儀式が行われる。これは修験者の祈祷の法力を競う験競べがその起源と言われるが、聖地「吉野・大峯」の信仰を背景とした修験道の儀礼を今に伝える貴重な行事として、奈良県の無形民俗文化財にも指定されている。この「蛙飛び行事」を支えるのが、神輿の担ぎ手などが迫力と躍動感あるダイナミックな集団の動きを見せ、伝統行事の観光性を高める「蛙飛び太鼓台保存会[4]」である。この保存会には平常は在住していない吉野山出身の若者も含まれており、当日はこうした帰省者も合流して、約30名のメンバーがこの

寺衆　金峯山寺
（金峯山寺花供会）

行事を支えている。

　地域に熱い思いを抱いて年中行事を受け継ごうとするこれらの若者たちの存在は、新たな時代を切り拓く吉野の町衆アクター、つまり今生きている現代のアクターであると言える。今後、歴史上のアクターに加えて、伝統行事の継承を背景としたこのようなアクターが続々と生まれることが大いに期待される。

(2) 聖地の宗教精神を受け継ぐ吉野のアクター＝寺衆

　聖地としての吉野山は平安時代から鎌倉時代を通じて隆盛を極め、金峯山寺蔵王堂を中心にして、山内には百数十の塔頭寺院と幾多の僧兵寺領が歴史的に存在していた。1868（明治元）年の太政官布告による神仏分離令の時代を超えて、金峯山寺は、戦後の1948（昭和23）年の2月1日に天台宗から離脱、同年4月1日に本来の修験の教義を生かした大峯修験宗[5]を立宗した。その後今日にいたる金峯山修験本宗には、千数百年の法燈を守るゆるぎない宗教者の存在感が見出せる。

　修験道の根本道場[6]は今日も健在であり、修験の教義に従い日々修行に勤しむ学僧の姿に将来の吉野の寺衆の在り様を見てみたい。2014年に吉野大峯は世界遺産登録10周年を迎えた。これを契機に、吉野大峯世界遺産登録10周年記念事業協議会が、『吉野だより YSN8300――吉野町8300の人と暮らし』（ねじまき堂他編、2014）というフリーペーパーを創刊した。その創刊準備号には、「吉野の歴史や文化に興味を持っていただいている方々に対してパンフレットやメディア等で紹介されるような言わば主流な吉野の情報のみならず、知る人ぞ知る吉野の魅力をお届けしたい」と記されている。

創刊準備号の特集は「この地で修行するということ」であった。この特集では、5名の学僧と寺の法務に関わる2人の役僧が登場している。年齢は、58歳から19歳までの世代で、それぞれの出身とプロフィールが紹介されて、取材者のインタビューに学僧としての日常生活などを自由闊達に答えている。ちなみに、7名の出身地は、秋田県、東京都、福井県、大阪府、岡山県、福岡県であり、全国各地からやってきて聖地である「吉野・大峯」に身を置いている。
　「なぜ金峯山寺にやってきたのか」という質問に対して、「自坊を継ぐため」、「礼儀作法を身につけるため」、「奥駈修行に参加したことがきっかけで興味が強くなり」、「大学で仏教を学び、高野山での修行を経て、山伏になりたかった」と様々に語っている。人それぞれ仏縁が結縁した時に吉野大峯にからだ1つで飛び込み、修験道の聖地で修行を続ける学僧たちは、まさに吉野の寺衆アクターズネットワークとして位置づけられる。

2. 地域に期待される極技アクターとイノベーションアクター

　続いて、ここでは歴史軸と伝統産業軸で捉えた吉野に期待される極技アクター[7]とイノベーションアクター[8]を紹介する【図表1】。

図表1　2つのアクターの概念比較

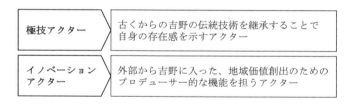

　具体的には、吉野の手漉き和紙という大海人皇子に由来する伝統工芸の未来への継承、続いて吉野の森の恵みを生業とする吉野杉樽丸の時代革新の潮流、最後にインサイド地域プロデューサーとアウトサイド地域プロデューサーについて論述する。
　ここから理解されるのは、吉野の伝統技術を継承することで自身の存在感を示す極技アクターと、外部から吉野に入り地域価値創出のためのプロデューサー的機能を担うイノベーションアクターとのコラボレーションの必要性である。すなわち、まさに"閉じた吉野[9]"と"開かれた吉野[10]"の巧みな連携戦略こそが、豊富なコンテンツに恵まれながらも、今や急速な過疎化が進む地域の未来に多大な可

能性を与えることを表わしている。

(1) 吉野の手漉き和紙——大海人皇子に由来する伝統工芸の未来への継承

　おおよそ1300年の長い歴史をもつ手漉き和紙[11]は、今や我が国を代表する伝統工芸の1つである。しかし、これが伝統産業の1つになったのは時代の趨勢による。近代化のなかで番傘からこうもり傘へ、紙障子からガラス障子へと生活様式が変化し、また機械漉きの紙に押されて年ごとに和紙の需要は漸減し、その上、原料の買い付けや資金繰りに苦労することが続き、戦後の和紙の産地では紙漉きから割箸製造に切り替えるなどの転業・転職が相次いだ（大久保、1972）。そのようななかで、吉野のわずか数件の家が手漉き和紙を地域の伝統産業として守り、なおかつここが日本でも名高い和紙の産地として知られるのは、今も変わらぬ自然環境と代々受け継がれてきた技を守る職人の存在があるからである。

紙漉き

　吉野での紙漉きは、吉野川流域の山河の谷あいにあった集落に暮らす人々の暮らしのための生業であった。清らかな水に恵まれ、紙の板干しに向いた土地があるなどの利点以上に、耕す土地をもたない厳しい自然環境と貧しさこそ、紙漉きが長らく行われてきた所以である。

　平地の少ない地域では、多くの場合に夏季は養蚕業[12]を営み、冬季は和紙を漉くのが一般的であった。我が国の手漉き和紙の産地の多くは第2次世界大戦後の洋紙供給の波に対抗するために、急速に手漉きから機械漉きへ近代化を図ることになる。これによって、紙そのものの供給量は飛躍的に増大した一方で、日本古来の技法による和紙の製造は急激にその生産力を弱めていくこととなった（柳橋、1981）。

まず、吉野和紙の産地についての特徴を確認する。全国和紙産地マップで吉野は以下のように紹介されている。

「吉野の紙の存在が一般的に知られるようになったのは、近世の徳川期になってからのことで、ある伝説によると、壬申の乱で吉野で兵を挙げた大海人皇子（後の天武天皇）が国栖の里人に紙漉きと養蚕を教えたのが始まりであるということになる。また、寿岳文章の説によれば、7世紀のはじめに、寺院などへ納品するために、水に恵まれた大和の国へと紙漉きの技術が伝えられた」（全国手すき和紙連合会、2014）。

寿岳文章[13]によれば、吉野郡の南部山間地域で漉かれていた吉野紙[14]が中世の文献に現れるのは、1468（応神2）年であるとされ、近世に入り徳川時代には、貴賤を問わず鼻紙として重宝された。質柔軟ではなはだ薄いにもかかわらず、きわめて強靱なために、その厚手のものは漆や油を漉すのに用いられ、吉野の漆漉しや油漉しは世に著聞すると述べられている（寿岳、1967）。

また種類を別にする国栖紙は、江戸期に大和国宇陀郡松山町[15]の商人が全国的に売りさばいていたこともあって、宇陀紙[16]として流布していった。現在の紙漉きの里である吉野町国栖地区には、明治末期までは130戸余りの紙を漉く家々があった。しかし1935（昭和10）年には、102戸の業者となり、第2次世界大戦が激化するにつれて担い手の中心となる男子が次々と招集・徴用され、廃業する家が増えていった。戦時の統制下には業者は70余戸となり、戦後は原料の楮が食糧増産のために切り倒され、その上、洋紙に押されて需要も少なくなり、原料確保と販路の開拓に苦労が続いた。1953（昭和28）年には同地区内では44戸の業者、1970（昭和45）年には18戸、そして現在ではわずか数軒を残すのみとなった（射場、1972）。衰退の一途を辿るなかにおいて、奈良県和紙商工業協同組合[17]が発足し、県内に唯一残った紙漉きの里としての誇りを新たにして今に至っている。

吉野には、文化財を保存するための伝統的な技を国が支援する選定保存技術制度の認定を受けた技術者が3人いる。表装用手漉和紙（宇陀紙）製作の福西弘行（1978（昭和53）年認定：2014年没）、表装用手漉和紙（美栖紙）製作の上窪良二（2009年認定）、漆漉紙（吉野紙）製作の昆布尊男（2003年認定）の各氏である。

宇陀紙は楮を原料にして、これに吉野でしか採取できない白土[18]を混入させて漉いた紙である。これには、表装[19]に用いた際に強い粘りがあるために乾いたときに狂いが生じないという特徴がある。第2の美栖紙という楮を利用した和紙は、漉いた紙をすぐに板に貼り付ける（簀伏せ）ために柔らかくできあがっていることに、その最大の特徴がある。なお、これは今でも表装用中裏紙[20]として欠かすこ

和紙グローブ

とのできない和紙である。第3の吉野紙は、薄くて強靭な楮紙であり、漉き上げた湿紙を圧搾しないで直ちに天日乾燥したものである。これは漆や油を漉す紙として使用される。

このようにそれぞれの特徴をもつ吉野の手漉き和紙であるが、以下では、これを現在において支える吉野在住のアクターたちに注目してみたい。なおここでは、歴史軸、伝統産業軸からアクターに対するアプローチを行う。

歴史軸において大海人皇子[21]が伝えたとされる生業を、吉野の自然のなかで今なお重要な伝統産業として受け継ぐ手漉き和紙から、いかに新たな地域価値を現出させるかが吉野の地域ブランディングの課題の1つになる。そのためには、このような魅力あるコンテンツを、いかにして「吉野・大峯」というゾーニングに結びつけていくかが問われる。そこで以下において、このような課題に応えるべく、その担い手として期待される吉野の手漉き和紙を捉えたアクターズネットワークの構築についての展望を述べてみる。

ここでは、このようなアクターのなかでリーダー的な存在と想定できる人物として、宇陀紙の福西和紙本舗[22]の福西正行、植和紙工房[23]の植浩三を紹介したい。彼らは、いずれも日本を代表する若手手漉き和紙職人である。福西正行は、先代の父である福西弘行から一子相伝[24]の伝統の技を受け継ぐ6代目の継承者である。

彼は、代々の和紙作りを継承しながらも、現代に必要とされる新しい和紙を生み出している。最近では、海外でも素材として注目されており、イタリアのミラノなどの世界の一流クリエイターからの注文を受けるなど、大いに注目を浴びている。また、植浩三も同様に先代植貞夫から受け継ぐ6代目の継承者である。彼は、吉野名産の杉や檜の樹皮入り和紙の開発を奈良県森林技術センターとともに取り組み、近年では和紙の時計などの立体的な作品づくりにも意欲的に取り組んでいる。

特に、前者の福西家が生み出す国宝の修理用の宇陀紙には、天然素材が使用さ

れ、また製作技術が伝統的であるために、文化財の修理にはきわめて適合的である、という高い評価をえている。そのために、同家の製法は国の選定保存技術[25]に認定されている。その製法のなかでは、長く守り受け継がれている材料に用いる楮の煮熟[26]、手打ち（細打ち）[27]による打砕、そして天日による乾燥が特に重要である。

　吉野の産地の多くの紙漉きの家が、苛性ソーダなどの強い薬品を使用することで繊維の煮熟を行うようになっているなかで、福西は頑なに代々受け継がれてきた木灰で煮る本来の伝統技法を用いることによって、宇陀紙の風合いを守っている。

　このように、福西は従来製法にこだわりながらも、大阪芸術大学芸術学部芸術計画学科に学ぶことによって、総合芸術領域からの発想と手法を身につけて今では多彩な才能を開花させている。彼のその才覚は、父弘行氏とともに、吉野の天然の恵みをふんだんに取り入れた草木染め和紙を生み出すことになった。そして、書道用紙やちぎり絵の用紙などとして幅広く趣味に用いられる和紙も提供している。現在では、パリのルーブル美術館で使用される絵画修復用の和紙の輸出も行っている。

　また和紙の製作の他に、吉野のために地域活動も熱心に行っている。たとえば、過去には地元商工会青年部長として、現在では自然ツーリズム研究会のリーダーとして、彼は吉野の観光産業の活性化を模索している。

　しかし今後、吉野の手漉き和紙がこれまで以上により輝きを発するためには、地域ブランディングの担い手である優れたアクターたちを有機的に結びつけ、個人を超えた組織としてのアクターズネットワークを形成することが不可欠になってくる。筆者は、このアクターズネットワークを活用することによって、それぞれのアクターによる多面的な情報発信や、外部の人たちの吉野の伝統文化への関心を喚起することが、吉野の地域ブランディングには欠かせないと考える。

　確かに、ここで紹介した吉野の手漉き和紙は、供給量は他の産地に劣るとしても、その品質の高さや文化性は決して他に譲らないほどの価値を保持している。それゆえ、先人たちの営みを未来につなげる現在の職人たちの一層の研鑽と、これらをコアにしたアクターズネットワークの確立に向けて、それこそ町をあげての取り組みを行う必要がある。

（2）吉野の森の恵みの生業——吉野杉樽丸の伝統から見る時代変化の潮流

　材木の産地として知られる吉野の森は、今なお高質の杉材や檜材を提供している。この森の恵みを活かした現代のアクターが極技アクターのひとりである吉野の樽丸製作技術保存会[28]の職人、大口孝次である。大口は吉野の数少ない樽丸職

人のなかにおいて、すべてを手作業によって制作することで知られる。

吉野では、江戸時代から酒樽づくりがはじまった。そして、その材料となる樽丸の技術の保護や継承のために、その技術は国の重要無形民俗文化財に指定されている。

この作業工程は、まず吉野杉から酒樽の材料となる樽丸を切り出すことからはじまる。この樽丸は、クレ（側板）29を竹の箍で締めたものであるが、決して水が漏れてはならない。接着剤など使わずに、木目を読んでそのクレを作る。年輪の細かさ、夏目と冬目を見極めながら、センという特殊な刃物で加工が行われる。

これは伝統的な分業作業であるために、自らがひとりで仕上げるのではなく、加工は次の過程を担う樽屋さんに引き継がれる。この際、樽丸職人が削りすぎないことが次の過程の作業を容易にする。樽丸職人は、細心の注意を払いながらも目を見張るほどのスピードで、かつ丁寧に1枚1枚手作業を進める。自らの目と刃物が伝える指先の感覚が一体となった極技には、ある種の芸術的な美しさが宿っている。

樽丸職人

吉野における林業ブランド確立の礎には、桶や樽に最適の木を育てようとした歴史が見て取れる。吉野では、素材として節がなく、木目がまっすぐに通り、香りがよい木が選ばれる。また、このような材木の選択が、今日に至る吉野材特有の美点という評価に結びついている。

ここから理解できるのは、樽に適した材を生み出す試行錯誤が、吉野の森の恵みを作ったということである。桶や樽の需要が急速に減少するなかで、吉野の樽丸製作技術は幸いにも重要無形民俗文化財30に指定されることになり、これに伴い樽丸を製作する道具もまた吉野林業用具と林産加工用具として重要有形民俗文化財に指定された。生活様式の多大な変化のなかにあっても、保護された伝統の技が幾重にも施された商品は高付加価値を生み出す。

製材バンザイ座談会

　吉野における木の町の暮らしを描いた『ちょぼくブック』(ちょぼくブック製作委員会、2014)に、以下のような「製材バンザイ座談会」という企画記事が掲載されている。そこでは、この座談会に参加する5人のアクターたちが紹介されている。なお、彼らはいずれも、この地の将来を担うことが期待される後継者たちである。

　この座談会記事に登場するのは、いずれも貯木創成期、隆盛期を実際に肌身で経験していない若い世代の5名である。座談会は、家業を継ごうと思った契機とは何だったのかを中心に展開されている。

　そこには、「継ぐものだと思っていた」、「葛藤しながら段々と……」、「放っとけなくなったのが正直なところ」、「大学卒業して、すぐ戻った。都会に飽きたし……貯木って戻ってこなかあかん雰囲気ありすぎた」などという、それぞれの率直な思いが語られている。

　また続けて、「吉野の貯木史上、今が一番製材所が少ない。新規参入もない」と感じながらも、「給料安くて労働過酷。でも自分で采配できてやりがいも達成感もある」、「木の仕事の魅力を発信できていない」、「かっこいいと感じてもらうのが大事である」、「木は衣食住の住に関わるもの、生活の基本にあるはずなんやけど、なんでこんなに気にとめられてへんのか。木のよさに触れるのが難しいというか、機会がないのだと思う」とも語られる。以下に、いくつかの彼らの思いを列挙する。

　「木を売る僕ら自身が、木はいいなあって実感できて初めて伝わるものがあるでしょう。それを提示する空間を作りたくて。『あの場所の、あの空気に会いにいく』ってわざわざたずねてもらえる場所にしたい。」

　「山と木のことを知っている、木を使う消費者の声を聞ける立場にいる。僕

ら製材所は、そこを橋渡しできる立ち位置なのだと思う。」

「土臭く仕事して製材だけで飯食っているけど、貯木が観光客で賑わって、なんか買ってくれたら喜ぶ。製材と観光は違うものやから感覚を摑むのに時間はかかるとしても、そういう商売の仕方もあるなって、思う人が出てきてもよい。」

「吉野に限らず、日本の大部分が過疎地なわけ。吉野町だけがもつ財産に頼るんじゃなくて、日本中の過疎地のモデルになることを考えだせたらと思う。」

「時代背景は変わる。木が売れない時期は何度もあって、今は僕らが頑張ればいい。それで、吉野貯木が、これまでとは違うかたちになるにしろ、人の集まる場になったらうれしい。」

「吉野は木と密接に関わってきて、木の値打ちや林業の意義、逆に新しく始めることとか、伝えたいこと山ほどあります。とらわれずに進めていこう。」
(ちょぼくブック製作委員会、2014)

　筆者には、このような思いは、まさに地域ブランディングの出発点を語っているように感じられる。そして、これらの吉野のイノベーションを指向するアクターたちが、たとえば我が国の林業育成地の形成に多大な貢献と影響を与えた先人である土倉庄三郎[31]などの偉業を歴史的なエピソードとして共有し、その上で、新たな時代にふさわしい共創価値の発現に向けたアクターズネットワークを構築することが期待される。

(3) インサイド地域プロデューサーとアウトサイド地域プロデューサー

　ここまで歴史軸と伝統産業軸におけるアクターたちの姿を概観してきてきた。吉野のイノベーションの特徴は、外部人材の吉野への流入による内部人材との有機的な結びつきにある。
　吉野において、外部人材はいわゆる風の人であり、これに対して内部人材は土の人である。そして風の人である外部人材は、地域アクターに対して、価値転換への起爆剤的な影響力を行使する。言い換えれば、彼らは土の人をイノベーションの担い手に転換させるネットワーカー、すなわち地域価値創造組織としてのア

図表2 風の人と土の人の比較

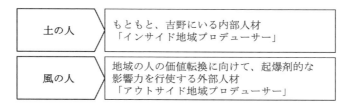

クターズネットワークの構築を仕掛けるアウトサイド地域プロデューサーである。これに対して、内部の担い手については、インサイド地域プロデューサーと呼ばれる【図表2】。

　ここでは、吉野における代表的な風の人＝アウトサイド地域プロデューサーである千田要宗について紹介しよう。千田要宗は、1995年に吉野山上千本辰之尾[32]に「景色工房」を構えた外部からの流入人材であった。彼は大阪府吹田市（現在は大阪市西区京町堀）のオフィスワークと並行して、吉野という地域をもう1つの拠点にしながら、自らの創作照明器具である「吉野山灯り」のプロトタイプの製作をはじめた。

　千田が生み出す作品に一貫するコンセプトは、「美しい景色は美しい暮らしをつくり　美しい暮らしは美しい人をつくる」（千田、2001、3頁）というものである。著書の『心地よいインテリア』のなかで、彼はこれに関連して「山灯り」の活動について以下のように述べている。

　「ほのぼのとして、心地よく暮らすとはどのようなことでしょう。（中略）暮らしの真の豊かさの原点に景色の美しさを位置づけ、自然と人間がしっかりと結びついた時に生まれる美しい景色から学び、その美しい景色の中で輝くものを目指しています。」（前掲書、3頁）。

　また、千田は吉野との出会いや吉野での創作活動の原点を「闇」という表現とともに以下のように語る。

　「闇の中に仄かに光る灯り。（中略）私は奈良県の吉野山でしんとした闇の心地よさと出会い、この夜らしい闇の心地よさを暮らしに取り戻したいと思いました。（中略）闇の中で静かにともる灯りには、豊かな表情があります。温かな優しさがあります。消え入るような儚さがあります。何よりもほっと

千田要宗作品

する自分がそこにいます。そこにはほのぼのとして心地よい安らぎがあります。」(前掲書、3頁)。

　こうして、千田は吉野の自然や文化を独自の視点で捉え、「唄」、「花」、「風」、「雪」、「月」、「夕日」などの「吉野山灯り」シリーズという照明作品を生み出した。それぞれの作品にはテーマとイメージが設定されており、光の表情の多様性をその1つ1つが見事に表現している。

　また、千田は吉野山の参道には日本のよきもの、懐かしいものがたくさんあるとも述べている。自身の幼年期に体験した景色と人情に共通する「ほのぼのとした懐かしい空気」がこの地域にあり、そのなかに存在する感覚を「心地よさ」と表現している（前掲書、38–39頁）。「Re-born＝再生、そして心地よい暮らしのころ合いに向かって」と題された同書のあとがきは以下のような一文で締めくくられる。

　「吉野は再生の地といわれます。約1300年前に、大海人皇子はこの吉野で再起し壬申の乱に勝利しました。山灯りの活動は図らずもこの再生の地でデザインという技術を通して新たなる杉の再生に始まり、吉野という地場の再生。そして日本の美しいものの再生に広がっていきました。その目的は、進化しつつある様々なエネルギーと技術を自然と共存させながら心地よい暮らしを再び手に入れることであります。（中略）山灯りで共に活動させていただいた吉野をはじめとする多くの人々の夢見たものがRe-born＝再生という目的に向かって実現していく世紀でありたいものです。」(前掲書、68頁)。

このように、土の人を喚起する明確なメッセージを風の人は届けてくれる。そして風の人は、日常の暮らしのなかにおいて、土の人が見失いがちなかけがえのない地域価値を、歴史軸を意識したエピソードメイクによってはっきり認識させることで、まさにアクターズネットワークの組織化を促すのである。

おわりに

本章では、吉野の地域ブランディングの可能性をアクターズネットワークの視角から概観した。また、実際に吉野という地域で活躍するアクターの紹介を踏まえて、「吉野・大峯」という地域ブランドを未来に向けて継承するためには、アクターズネットワークの組織化が不可欠であることにも言及した。

このような認識から、現時点の吉野において期待されるインサイド地域プロデューサーとしてのアクターには、前述した歴史軸と伝統産業軸から評価される極技アクターに加えて、たとえば聖地ブランドとしての「吉野・大峯」を継承する地域の年中行事を支える町衆アクター、聖地の宗教精神を受け継ぐ寺衆アクターが見出される。また、吉野に期待されるアウトサイド地域プロデューサーとしては、前述した千田要宗らがあげられる。

これらの2つのアクターたちの間にコラボレーションが確立すれば、地域の伝統が時代を捉えて革新をとげることができる。伝統が生き続けるためには、時代の波のなかで磨かれ続けていくことが不可欠である。

こう考えると、未来に向けた地域の発展は、まさに土の人の"閉じる吉野"と風の人の"開く吉野"という動きがダイナミックに連携することによって実現することになる。それゆえ、インサイドとアウトサイドという2種類の地域プロデューサーの育成と、彼らをネットワークすることを可能にする組織の、すなわちアクターズネットワークの構築が大いに期待される。

註

1 アクターは地域のブランディングを推進する中心的な人材であり、これらの組織化されたものがアクターズネットワークである。地域デザインにおける重要な構成要素のひとつである（原田、2014a）。
2 吉野町吉野山に鎮座する。式内社、旧村社。古くは芳野水分峰神として吉野山頂の青根ヶ峰に祭られ、祈雨などの奉幣を受けた。
3 毛槍や挟箱などをもった奴姿の先役を吉野山青年団が出仕して務める。

4	蓮華輿の渡御の先で太鼓台が町内を練り歩く。この太鼓台に大きな青蛙が乗っていて蔵王堂内陣に入る。この太鼓台の担ぎ手を務め、年中行事を支える地元の若者らが結束した会である。
5	1948年4月1日立宗。大峯修験宗管長には五條覚澄が就任した。1952年4月11日に金峯山修験本宗と改称した。
6	修験道の聖地として、奈良・平安時代には金峯山寺に天皇や貴族が度々参詣し隆盛をきわめ、修験道の根本道場と呼ばれるようになった。
7	これは造語である。貴重な伝統技術の技を極限まで追い求める人々を表す概念である。
8	イノベーションは文字とおり革新のことであるが、イノベーションを実現するアクター、すなわち主体的な行為者のことである。これは、本人が何らかの技術の専門家であるよりは、そうした人材を活かして新たな価値を現出させるコンテクストデザイナーの色彩が強い存在である。
9	吉野の地域価値を伝統という過去に求めて、地元の人材のみで維持しようとする考え方に依拠して地域の運営を考える思考である。
10	吉野の地域価値値を他の地域からの流入人材の力を活用して実現しようという考え方であり、伝統は新しいものとの接触によって進化発展するという思考である。
11	原料をよく叩解した紙料を漉槽に入れて、簀と桁で1枚ずつ漉くのが手漉き和紙である。
12	蚕を飼い、繭を生産することである。農家の副業として広く行われ現金収入をもたらした。第2次世界大戦後は化学繊維の普及による生糸需要の減速で養蚕農家は減少の一途をたどった。
13	1900–1992年。英文学者、随筆家、書誌・和紙研究家である。
14	和良紙（やわらがみ）ともいう。大和国吉野地方で楮を原料にして生産された薄手の和紙である。
15	大和国中央東部の町、現在の宇陀市大宇陀町にあたる。
16	寿岳文章『紙漉村旅日記』によれば、宇陀郡の芳野村が宇陀紙の発祥地であり、それが国栖の方へ移って行ったのではないかという説を記している。
17	1913年に国樔村産紙業組合が結成されている。奈良県和紙商工業協同組合は第2次世界大戦後に結成された。
18	吉野川上流、川上村白屋から産出する石灰質の白土によって糊や水を引いて表装しても紙の伸縮する度合いが小さく、乾燥しても反らず改装するとき剥がれやすいなどの特性をもつ。
19	表具ともいう。書画などを紙や布で裏打ちし、軸装に仕立てることである。襖や障子についてもいう。
20	表装の裏打ち工程において、本紙と表装裂の厚みや巻くための腰の強さを整えるために施す増裏打ちの際に用いられる紙である。美栖紙を用い、薄く腰の弱いものには厚手の紙を、腰の強いものには薄手の紙を裏打ちしてバランスをとる。
21	のちの天武天皇（在位、673–686年）。舒明天皇の次男である。
22	福西和紙本舗。奈良県吉野郡吉野町大字窪垣内218-1。詳しくは以下のURLを参照されたい。http://kuzunosato.jp/self/fukunishi.html
23	植和紙工房。奈良県吉野郡吉野町大字南大野237-1。詳しくは以下のURLを参照されたい。http://kuzunosato.jp/self/uewashi.html
24	技法などの奥義、秘法を自分の子のなかの1人だけに伝えることである。
25	1975年、文化財保護法が大幅に改正され選定保存技術の制度が創設された。文化材の保存のために欠くことのできない伝統的な技術又は技能である文化財保存技術のうち、保存

26 　クヌギだけの焼灰で木灰汁をつくり、ほどよい火加減で炊きあげる。「白そだき」と言われる工程である。
27 　灰汁抜きをした紙料を御影石の叩盤の上に置き、2本の細いカシの棒で3時間細かく叩き繊維のきめを細かくする工程である。
28 　2008年3月13日文化庁認定保護団体である。
29 　酒樽の側板をクレと呼ぶ。
30 　工芸技術等、無形の文化的所産で我が国にとって歴史上または芸術上価値の高いものを無形文化財という。国は無形文化財のうち重要なものを重要無形文化財に指定し、同時に、これらの技を高度に体得しているものを保持者または保持団体に認定し、我が国の伝統的な技の継承を図っている。
31 　1840–1917年。明治期の林業家である。大和国吉野郡に生まれる。山林王として吉野林業の改良、吉野川水路改修に尽力し自由民権家とも交流して、板垣退助の外遊費を負担したとされる。
32 　吉野山下千本（海抜300メートル）から奥千本（金峯神社海抜750メートル）の延長4キロ余の長い一筋の尾根道の間、上千本の尾根伝いの西側の傾斜地に位置する林隙集落がある。

参考文献

射場博一(1972)「伝統工業」吉野町史編集委員会『吉野町史』下巻、吉野町役場、96–100頁。
岩井宏美(1972)「吉野山の民俗」吉野町史編集委員会『吉野町史』下巻、吉野町役場、399–456頁。
大久保信治(1972)「吉野の国栖紙」吉野町史編集委員会『吉野町史』上巻、吉野町役場、480–492頁。
菊地正浩(2012)『和紙の里探訪記』草思社。
岸田定雄(1995)『吉野紙――大和のうるしこし』豊住書店。
桐井雅行(1996)『新吉野紀行――吉野路七十二景』偕成社。
国栖の里観光協会(2015)「国栖の里観光協会トップページ」
　　http://kuzunosato.jp/index.html（2015年1月4日閲覧）。
久米康生(1978)『手すきの紙郷』思文閣出版。
久米康生(1986)『大和吉野の紙』雄松堂出版。
久米康生(2008)『和紙つくりの歴史と技法』岩田書院。
古賀広志(2013)「伝統と革新――地域とソーシャルネットワーク」原田保編著『地域デザイン戦略総論』芙蓉書房出版、237–261頁。
佐藤虎雄（1972)「社寺・金石文一」吉野町史編集委員会『吉野町史』下巻、吉野町役場、942–943頁。
寿岳文章(1967)『日本の紙』日本歴史叢書14、吉川弘文館。
寿岳文章・静子(2003)『紙漉村旅日記　覆刻』沖積舎。
首藤善樹(1985)『金峯山』総本山金峯山寺。
首藤善樹(2004)『金峯山寺史』国書刊行会。
全国手すき和紙連合会(2014)「奈良県・吉野和紙」

http://www.tesukiwashi.jp/p/yoshino1.htm（2015年1月4日閲覧）。
谷彌兵衛(2008)『近世吉野林業史』思文閣出版。
千田要宗(2001)『山灯りの世界——心地よいインテリア SATOBI DESIGN』世界文化社。
ちょぼくブック製作委員会(2014)『ちょぼくブック 奈良県吉野町、木のまちの暮らし』一般社団法人吉野ビジターズビューロー。
日本史広辞典編集委員会編(1997)『日本史広辞典』山川出版。
ねじまき堂(2014)『吉野だより YSN8300——吉野町8300の人と暮らし　創刊準備号』吉野大峯世界遺産登録10周年記念事業協議会。
原田保(2013a)「ゾーンデザインとコンテクストデザインの共振」原田保編著『地域デザイン戦略総論』芙蓉書房出版、13–24頁。
原田保(2013b)「コンテクストブランドとしての地域ブランド——コンテクストである"地域"と"ブランド"の共振と共進による価値発現」『地域デザイン』第2号、9–22頁。
原田保(2014a)「地域デザイン理論のコンテクスト転換—ZTCAデザインモデルの提言—」『地域デザイン』第4号、11–27頁。
原田保(2014b)「世界遺産を活用した地域デザイン」原田保・浅野清彦・庄司真人編著『世界遺産の地域価値創造戦略——地域デザインのコンテクスト転換』芙蓉書房出版、11–19頁。
原田保・武中千里・鈴木敦詞(2013)『奈良のコンステレーションブランディング——"奈良"から"やまと"へのコンテクスト転換』芙蓉書房出版。
原田保・三浦俊彦・高井透編著(2012)『コンテクストデザイン戦略』芙蓉書房出版。
福江純(2004)『最新天文小辞典』東京書籍。
藤田佳久(1998)『吉野林業地帯』古今書院。
文化庁(2015)「文化財｜文化財の紹介」
http://www.bunka.go.jp/Bunkazai/shoukai/index.html（2015年1月4日閲覧）。
前田博・佐藤裕治(1990)「吉野風景考—吉野山の心象と実景—」上田正昭編著『吉野——悠久の風景』講談社、250–282頁。
宮家準(1999)『修験道組織の研究』春秋社。
宮坂敏和(1979)『吉野路案内記』吉野町観光課。
宮坂敏和(1990)『吉野——その歴史と伝承』名著出版。
柳橋真(1981)『和紙——風土・歴史・技法』講談社。
吉野町(2015)「世界遺産」
http://www.town.yoshino.nara.jp/kanko-event/sekai-isan/（2015年1月4日閲覧）。
colocal (2014)「吉野の山守が案内する山と森から生まれる奈良のものづくり。Part1: 伝統と革新の吉野手漉き和紙と樽丸」
http://colocal.jp/topics/think-japan/kaijirushi/20140218_29672.html（2015年1月4日閲覧）。

第5章

トポスの価値創造に向けたエリア別ブランディング
──「吉野・大峯」を構成するトポスの地域価値

八釣直己

はじめに

　全国的な傾向ではあるが、吉野町においても高齢化、若者の人口流出などによる過疎化の流れは加速している。日本全体の人口が2008年を境に減少に転じているなかで、吉野だけが、これから右肩上がりに人口が増加することは到底考えられない。では今後、吉野に人が訪れ、さらには永住したいと思う人が出てくるようになるにはどうしたらよいだろうか。きっかけの1つとなるのは観光による地域活性化であろう。ここで観光という言葉の語源を探ると、『易経』にある「観国之光、利用賓于王（国の光を観る。用いて王に賓たるに利し）」との一節に由来するとされる。つまり、地域とそこに住む者たちが輝いていれば、おのずと町外や県外、もしくは海外から脚光を浴びることになり、それが多くの来訪者を引き寄せることに結びつく。

　筆者は、吉野に住む者たちが地域の特性を理解し、さらにそこにあるコンテンツもしくはコンテクストに一工夫を加えることによって、地域は未来に向けて光り輝くことができるのではないかと考えている。そこで実際に、地域ブランディングに取り組んでいる人々に焦点を当てつつ、「吉野・大峯」にとっての鍵となるであろう場所をエリア別に紹介していきたい。こういった人々の行動と具体的な地域活動によって、地域としての価値の創造がはじめて実現すると思われる。

　そこで本章では、「吉野・大峯」という地域ブランドを確立する上で重要であるトポスデザイン[1]についての考察を行う。具体的には、第1節では産業地トポスとしての吉野貯木製材所群＝吉野・上市地区、第2節では山と川の文化から見る「良き野」＝ゾーンとしての国栖・中荘、そして第3節では長期滞在から永住へ＝スロースタイルのライフデザインについて述べることとする【図表1】。

図表1 「吉野・大峯」のトポスデザイン

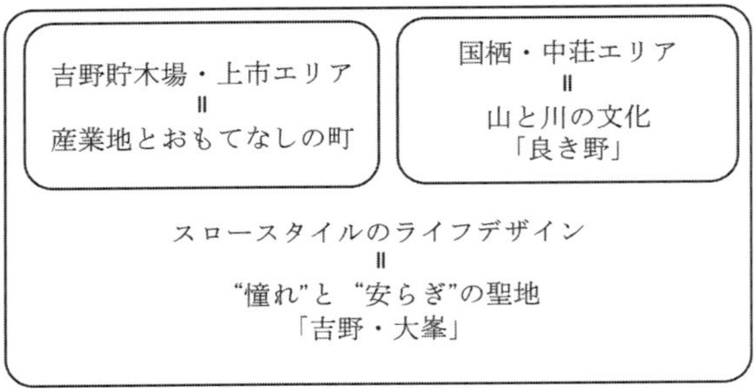

```
┌─────────────────────┐  ┌─────────────────────┐
│  吉野貯木場・上市エリア  │  │   国栖・中荘エリア    │
│         ＝           │  │         ＝           │
│  産業地とおもてなしの町 │  │    山と川の文化       │
│                     │  │       「良き野」      │
└─────────────────────┘  └─────────────────────┘

      ┌───────────────────────────────┐
      │   スロースタイルのライフデザイン    │
      │              ＝                │
      │    "憧れ"と"安らぎ"の聖地       │
      │        「吉野・大峯」           │
      └───────────────────────────────┘
```

1. 産業地トポスとしての吉野貯木製材所群＝吉野・上市地区

　吉野に観光で訪れる多くの人々の目的は、桜や歴史的コンテンツを楽しむことである、とされている。しかし近年、富岡製糸場と絹産業遺産群[2]の世界遺産登録に代表されるように、産業観光という言葉をよく耳にするようになった。「吉野・大峯」という地域では、雄大かつ厳しい自然とそれを畏怖する人々の精神がうまく調和して生まれた山と川の文化が育まれてきた。そして吉野・大峯山系[3]の麓で古代から流れ続ける吉野川周囲の環境のなかで、林業と製材業が発展してきたのである。ここでは、吉野の林業と製材業について産業面からトポスの価値を探ってみたい。これによって吉野の新たな地域ブランディングの可能性が見えてくるであろう。

（1）吉野産材にみる"安らぎ"を捉えた貯木場の価値創造

　吉野産の木材のなかでは、人工の日本3大美林と称される吉野杉[4]が特に有名である。吉野林業の歴史は室町時代の植林からはじまったとされ、なかでも豊臣秀吉は吉野の天然杉の巨木を大坂城や伏見城の築城に用いたとされている。吉野林業が発展してきたのは、当然ながら様々な要因がある。
　その1つが、吉野がまさに林業に適した地形であることと、独特の植林方法にある。吉野杉の特徴は、急な斜面に植えられているために、全国的に見ても雨が多い地域でよく育つという点にある。一般的には1坪に1本しか植えないのに対し、吉野林業では1坪に3本の杉を植樹することによって密植が行われる。そして植林して7年目くらいから除伐を行い、また20年目くらいから間伐をはじめて、最後の皆伐までに除間伐を繰り返す。これによって、最終的に1本の木を大きく育てあげることになる。このように、成長の過程で木を相互に競い合わせること

によって、それこそ年輪巾が1.3〜3.5ミリと狭くて均一の優れた杉を育てることができる。

　吉野林業においてはこうした吉野杉や檜の良さを、一般の人に知ってもらうという動きが、最近とみに活発化してきている。現在ではその歴史や特性を活かしながら、これを現代風の製品として再構築する取り組みが行なわれ、吉野に訪れる人が歴史ある吉野材の逸品に触れる機会も増えている。薫り高い吉野材の品は、人々に対してある種の"安らぎ"を与えてくれるであろう。

吉野材を使った製品

　また吉野における製材業にも、古い歴史がある。吉野川の上流に位置する川上村などから伐採された吉野材を筏で運ぶ途中に位置する貯木場は、一旦木材を集積する場所であった。現在は、自動車による運搬が発達したために、筏の姿は見られなくなっている。しかし、ここには製材所などが50か所ほど連なって残っており、これらが地域の産業集積拠点になっている。

　外国産材や集成材が多く出回るようになって木材の価格が低下する一方、吉野材は価格が高騰するという悪循環に陥っている。現在では、製材所も最盛期の約半分に減少している。このような状況において、数年前から貯木場を活性化させることによって吉野を再生させようとする多様な試みが行われている。2014年度には吉野貯木元気プロジェクト[5]が、吉野にある各関係団体や若手の事業者、そして行政などの協働によって行われるようになった。

　2011年から総務省の制度である地域おこし協力隊[6]として吉野の地域活性化に貢献している野口あすかは、吉野貯木元気プロジェクトの事務局担当者（Re:吉野と暮らす会事務局[7]）としてこのプロジェクトを牽引している。「Re:吉野と暮らす会」と貯木場にある製材所の人々は、すでにこのプロジェクトで大きな成果を上げている。それは、『ちょぼくブック』[8]（ちょぼくブック製作委員会、2014）という冊子の刊行である。野口が編集長を務める『ちょぼくブック』とは、その

第5章　トポスの価値創造に向けたエリア別ブランディング

名のとおり吉野貯木場についての本である。特に、ほとんどすべての製材所などとその事業者を1枚のマップにデザインした貯木場名鑑は大変な労作である。これについては野口自身も、「今回の一番の大きな成果は、この名鑑を作れたこと」と述べている。この冊子は、吉野材の良さ、貯木場の歴史、さらには吉野全体の魅力を多様な世代や地域に伝える際に、きわめて大きな貢献を果たすであろう。

吉野貯木場を地域ブランディングに活用することは、まさにある種のコンテクストブランディングであると考えられる。またここ吉野には、たとえば吉野杉などすでにある程度はブランド化されたコンテンツが数多く存在する。それゆえ、これらを統合的に捉えたコンテクストの創造によって、それぞれの産品というコンテンツのみならず、吉野という地域全体を捉えたブランディング、すなわち地域ブランディングの展開を行うことができるのである。

(2)「おもてなしの町」として期待できる上市地区

そこで、貯木場のゾーンを拡大して考えれば、地域価値の発現にさらなる可能性が見出せるであろう。それは、貯木場から吉野川を挟んだ向い側に位置する上市地区の取り込みである。

近世の上市は、吉野川沿いに東西に町並みが連なった本善寺の寺内町として形成された町である。また、ここは伊勢街道など交通の要所地だったので宿場町としても発展してきた（平井、1972）。ここは、数十年前までは旅館や店舗が数多く軒を連ねており、吉野地域では随一の賑わいを見せていた。現在ではその面影はほとんど残っておらず、旅館も数軒になっているが、その町並みは歴史ある街道を思わせる風情が残されている。

そこでこの上市を、貯木場というゾーンと一体化させることを提案してみたい。それは、貯木場エリアへの来訪者をおもてなしする場所として上市地区を再構築しようという構想である。

近鉄大和上市駅前という好立地に、2013年にオープンした吉野観光案内所（吉野ビジターズビューロー）では、吉野郡東南部の玄関口として多様な情報が発信されている。建物内部には吉野材が使用されている。そのためになかに入ると、吉野材の香りに包まれ、これが旅人にひと時の"安らぎ"を与えてくれる。ここで観光客はレンタサイクルを利用することができるようになっており、これは吉野を周遊するためにはまさに格好のツールである。貯木場のマップを片手に各所のエリアを容易にめぐることができるのだが、貯木場内では休憩ができる場所はさほど多くない。そこで近隣の上市地区まで足をのばしてもらえれば、旅行者は

図表2　貯木場と上市地区

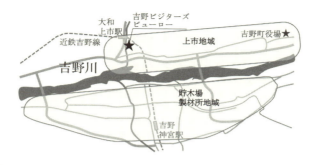

吉野貯木場全景

昔ながらの町並みのなかで一息つけることになる【図表2】。

　レンタサイクルの自転車にGPSを備えつけて、スマートホンのアプリケーションなどWEBサービスを活用すれば、旅行者はそれぞれ分野別に訪れたいところへ容易に行くことができる。現段階では、吉野ビジターズビューローのWEBサイトにレンタサイクル事業のコンテンツを掲載しているが、これはそれなりに観光客を引きつけている。ただし、コンテンツを紹介するのみであり、GPSとの連携機能はもっていない。近隣の明日香村では「あすかナビ[9]」というWEBサービスを提供して、分野別に明日香村を観光できる仕組みを取り入れ周遊ツールとして成功を収めている。明日香村だけなく、近隣の市町村でも観光用のWEBサービスの開発に力を注いでいる。それゆえ、吉野町においても、早急な対応が必要である。

(3)「木のまち」という産業集積地としての地域価値

　前述のように、上市地区は、かつては街道沿いの町として賑わいを見せたが今は店舗も少ない。毎年、上市商工会青年部が尽力している戎神社近辺で行われる初市も年々、参加者が減少している。

　そのような上市地区であるが、昨今新しい動きが生まれはじめている。古民家を活用し、当時の建物の面影を活かしつつ現代のニーズにあったデザインを取り込み、これによって新しいビジネスを行うというものである。そこではたとえば、外国人観光客向けのゲストハウス事業や吉野材の情報発信事業としての活用が予定されている。他にも、地域住民による上市の歴史をめぐる語り歩きのツアーも実施されている。

　これらのアクターやコンテンツを、地域ブランディングを指向しながら効果的に紡いでいけば、上市地区は吉野に次ぐおもてなしの町になりうる。そこに、人々に"安らぎ"をもたらす吉野材を効果的に、しかも多様な形態で取り込んでいくことが重要になる。案内所の建物はもちろんのこと、吉野材のコンセプトを活かしたデザインによって、まさに町全体の外観が統一されれば、それこそ一気に「木のまち」としてのイメージと機運が高まる。この吉野町第4次総合計画の重点プロジェクトでもある「木のまち」の確立は、本書の地域ブランディングのテーマである"安らぎ"の提供に大いに貢献する。前述のように、富岡製糸場と絹産業遺産群が産業観光の代表格として注目を集めているように、ここ吉野貯木場と上市地区も産業観光の分野においてそれなりに発展する可能性を秘めている。

2. 山と川の文化からみる「良き野」としての国栖・中荘

　吉野において古代からの伝承が残っている地域としては、国栖地区と中荘地区があげられる。この2つの地区は、従来まったく異なる方向の地域ブランディングが個別になされてきた。しかし本書においては、こうした行政単位に縛られない「吉野・大峯」としてのゾーンデザイン、そしてこれを踏まえたトポスデザインの可能性を追求している。こうした視点から国栖地区と中荘地区を1つのゾーンとしてデザインしていくことは、聖地ブランドとしての「吉野・大峯」という構想に大いに寄与する。

(1) 伝承から考えられるトポスデザイン

　国栖、中荘、龍門地区には古代からの歴史や伝説が集積している。『古事記』には、応神天皇が吉野宮に行幸した際にはじまったとされる国栖奏への言及があり、これは現在も継承されている。壬申の乱の時には、大海人皇子がこの国栖から再起をかけて戦いに挑み、これに勝利して天武天皇になった。また、昭和のはじめに刊行された谷崎潤一郎の小説『吉野葛』で描かれているように、楮を原料にする手漉き和紙の里として知られている。ここは、よくポスターや写真で見かけるが、入野トンネルから国栖方面へ少し出たところから望める川が大きくカーブを描いている場所である。この地の島が浮いているような景色は圧巻である。また、南国栖には天武天皇と深い結びつきがある浄見原神社もあり、その下を流れる川の淵は天皇淵と呼ばれている。

　古代から、国栖や宮滝の周辺には多くの伝承が残されている。神武天皇一行が吉野に行幸した際に、現在の国栖付近に尾の生えた人が出現したという伝承がある。もちろん、実際には尾が生えていたのではなく、山仕事や狩猟をする人々が腰に獣皮を縫って着用していた姿を「生尾」と表現したとされる。確かに、この地区は、奈良盆地からみると明らかに異なった山と川の文化や風習が見られる異郷であった（和田、2004）。

　吉野宮[10]は、竜門岳の山麓や宮滝付近の一体を指している。そして吉野は元来「良き野」であったという説がある（足利、1995）。また、「野」は原野でなく、人々が暮らす集落に近い里山を意味する。そこは常に人々の手が加えられており、豊

国栖奏

かな山の幸に恵まれ、山の文化と川の文化が出会う場であった。

　このように「良き野」という表現は、「吉野・大峯」の地域ブランドを考える際に重要な要素になる。大峯で修験道が生まれたとされる時代から、この地区においては都から異郷への"憧れ"という概念がすでに存在していた（和田、2004）。また、吉野宮があったとされる現在の吉野町歴史資料館付近にある宮滝からは、芳野水分峰である青根ヶ峰を望むことができる。持統天皇は、かつてこの山を神体山として仰いだと伝えられている。こうした様々な伝承から、トポスデザインの可能性が考えられる。

(2) 現状を踏まえた地域ブランディングの方向性

　国栖地区においては、「ものづくりの里」としてゾーンデザインと地域ブランディングが行われてきた。天武天皇が国栖に行幸した際に、清流と土地の特性を活かして、紙漉きを里人に習わせたと言われる。また、近世には紙漉き業を営む場所が多かったという記録もある（宮坂、1979）。田畑にはあまり向かない土地であるため、箸、工芸品などに見られるものづくりの精神がずっと受け継がれてきた（宮坂、1979）【図表3】。

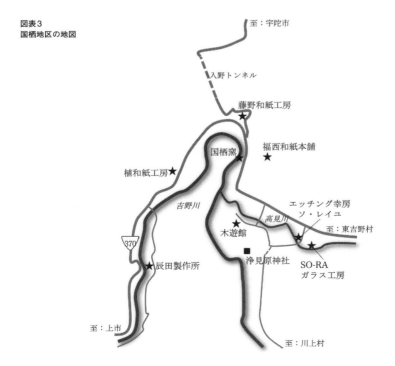

図表3
国栖地区の地図

ものづくりの里としてのゾーンデザインは国栖の里観光協会が主体となって実施している。点在している工芸工房などをものづくりというキーワードで結びつけ、地域の歴史的なコンテクストやコンテンツを織り交ぜながら巧みにブランディングを進めている。集客という目的においては、こういったコンテンツ形成のためのブランディングが有効であるが、今後の後継者問題を含む地域の活性化という点では必ずしも効果があるとは限らない。そこで国栖の里ほりおこし会[11]が地元住民の方々により発足し、廃校などの空き地・空き家の有効活用についても検討している。

　2014年に国栖の里観光協会と地元住民によって、ある観光パンフレットがつくられた。そこには単なる観光情報以上の、後に述べるようなトポスデザインの第一歩を感じさせる優れた情報が凝縮されている。このパンフレットの内容は、国栖の歴史や文化の掲載に重点が置かれている。そこには、古代から悠久の時が流れる国栖の里を訪れた歴史上の様々な著名人に、来訪者や読者が深い共感を抱くことができるほど、これまでにはない充実した内容が掲載されている。

(3)「良き野」としてのトポスの創造

　しかし、この観光パンフレットにおいて反省すべきことは、地域ブランディングへのコンテクストの活用が不十分だったことである。実は、この国栖地区と吉野宮があったとされる地域が、古代から「良き野」として捉えられてきた地域であることは、すでに述べたとおりである。それは、雄大で畏怖の感情を呼び覚ます大自然のなかで生活する人々と、それらの人々が育んできた山と川の文化に対する敬意がこめられた表現である。それゆえ、このような歴史的なストーリーを正しく捉えるコンテクストの創造が何よりも必要とされる。

　当然ながら、この地域においてトポスデザインを行うならば、天武天皇などの

浄見原神社

多くの天皇が行幸した史実を盛り込まないわけにはいかない。後の天武天皇である大海人皇子はこの地に身を潜めながら、その後に浄見原神社で再起を決意した。また、持統天皇は数多くこの地域に行幸し、ここで夫との思い出に浸ったという説もある。こういった歴史上の著名人に心情的に自己同一化することによって、自身のライフスタイルの再構築を図ろうとする来訪者は少なくはないであろう。

古代から人々が畏敬の念を抱いた山と川の文化が織りなす「良き野」と、数多くの歴史上の偉人の伝承をもとにトポスデザインをすることができれば、"憧れ"と"安らぎ"という地域ブランディングにおいて有効に機能する。

3. 長期滞在から永住へ——スロースタイルのライフデザイン

ここまでは主に「吉野・大峯」という地域における具体的なトポスに関する事例を紹介しながら、地域ブランディングに関わる構想を紹介してきた。しかし今後は、これらを通して見えてくるものの体系化や、未来に向けた具体的な地域ブランディングが必要になる。それには、吉野の住民はもちろんのこと、その範囲を越えた人々にまで拡大して、吉野ファンとの一体的な取り組みを指向する必要が生じてくる。

ここでいう吉野ファンには、何度かこの地域を訪れたことがある外国人も数多く含まれる。それゆえ筆者には、このような人々も共有できる地域ブランディングでなければおそらく成功はしないと思われる。ここでは、原田（2007）が提唱するスロースタイルという考え方を援用しながら、「吉野・大峯」の生活スタイルとスロースタイルの関係について、そして吉野がある種のライフデザイナーの聖地にもなりうる可能性について検討する。

（1）短期型観光から長期型滞在へ

「吉野・大峯」における自然と人間精神の調和が生み出した歴史的な遺産としては、修験道や桜などがあげられる。ここで強く主張したいことは、桜が美しいのではなく、桜を守り続けて、修験道を受け継いできた人々の心が美しいということである。この精神的な部分に、従来の吉野町の地域ブランディングが桜へ過度に依存してきたことから脱却するための答えがある。雄大な自然とともに生き抜いてきた人々の文化と生活のスタイルに触れた来訪者は、きっと吉野の精神的な奥深さを感じる。吉野の奥深さを知った者はより一層の"憧れ"と"安らぎ"を求めて、この地域に長期滞在するであろう。

現代の旅は時間の効率化を最大の目的としていることが多い。遠くの観光地へ、いかに効率的に時間を浪費せずにたどりつけるかという点に重点が置かれ、旅の目的は気晴らしやレクレーションとされている（藤江、2007）。このような旅は、原田（2007）の提唱するスロースタイル型の旅とは正反対のものである。現代では旅を通じたアイデンティティの「リ・デザイン」（再構築）という概念が重要視されてきており、そのような旅のスタイルを自分探しのスローツーリズムと呼ぶことができる（藤江、2007）。

　吉野を訪れる旅の目的は、桜や歴史的コンテンツが大きな部分を占めると思われるが、吉野の魅力に何度も、そして深く触れた来訪者は、自身のアイデンティティをリ・デザインするために長期滞在するようになる。そして、長期滞在の延長線上に永住という選択が浮上する。外部から吉野に移住してきた人は少なからず、地域のために尽力し影響力をもつ方々である。彼らが見出した吉野の魅力は、それぞれ異なるものと思われるが、根本にあるものはこの地域で受け継がれてきた悠久の歴史、文化、伝統、そして生活のスタイルに根ざしている。

(2) 未来志向型のスロースタイルの提言——新しい地域ブランド

　近年、マクドナルドに代表される生活文化のファスト化からのライフスタイルの転換が多くの注目を集めている。これは「人間と環境との共生・共存」、「経済における人間性の復権」（辻、2001）を同時に実現する指向性をもつ。なお、そのようなライフスタイルはスロースタイルと規定される（原田、2007）。

　原田（2007）によると、スロースタイルへの大きな準備をしたものは自己実現から自己超越（たとえば環境問題などへの社会参加）へというニーズの変化である。ここでいうスロースタイルとは、近年企業のマーケティング活用で用いられるロハス[12]（LOHAS = Lifestyles of Health and Sustainability）とは違い、自己超越の追求と自己実現の欲求が結果的に結びつく。他方、ロハスは自己超越が主たる目的であって、これに依拠した生活を行うことを通じて結果的に自己実現に結びつくライフスタイルである（原田、2007）。

　これまで述べてきた「"憧れ"と"安らぎ"」、「自然との一体化」といった地域ブランディングとスロースタイルがうまく織りあわされ、未来に向けたライフデザインになり、「吉野・大峯」における地域活性化の一端を担う新たな展開が生まれることが期待される。以下においては、スロースタイルという概念とうまく結びつく事業展開の具体例に触れる。

　大都市への人口の一極集中化の流れは、徐々にではあるが変わりつつある。地

域社会では移住という形態でライフスタイルのデザインをする人々を受け入れる環境を整備する必要がある。吉野にあるNPO法人空き家コンシェルジュ[13]はメディアなどで取り上げられているが、まさにこういったライフスタイルの転換をスムーズに進められる支援をしている。

全国の過疎地で空き家が増加していることは言うまでもない。近年では、そういった空き家を活用しようと様々な施策が立てられている。行政としての代表的な施策は空き家バンクと言われるものである。これは、空き家の持ち主（売主）とそれを求める人（買主）を結びつける役目を果たしている。

吉野においても、この制度を活用し空き家売買の実績を残している。ここで紹介した空き家コンシェルジュは、こういった空き家バンク制度をさらにうまく活用するために、売買前や購入後の相談を実施したり空き家のメンテナンスを行ったりしている。このような活動に、空き家問題を解決する兆しが見られる。

さらに、田舎に移住する人々にとって重宝されるメニューが、DIY[14]と兼ね合わせた移住者支援である。実は、空き家に移住することの課題の1つが古い家屋の改修である。長く空き家となった建物には深刻な傷みが生じていることが多い。しかし、新しく建て直すと当然費用がかさみ、古民家としての風情が失われてしまう。そこで、自分で修繕できる範囲のことは自分で行うDIYが導入されることになった。それゆえ、空き家コンシェルジュのメニューには、移住者にこのDIY技術を教えることも含まれている。

また、移住者にとって懸念されることは、まったくはじめての土地で自分たちが地元の方に受け入れられるのかということである。こういった心配を払拭するために、吉野では本格的な移住の前に長期的な体験移住を実施している。移住希望者は、実際にその地でしばらく暮らしてみることによって、その土地の特徴を理解し、そこで自分たちが満足のいく生活をしていけるのかどうかを見極めるのである。

さて、人間は経済的な存在であると同時に文化的な存在であり、かつ自然的な存在である。そういった複合的な存在であるという認識に依拠したライフスタイルの確立が「人間と環境との共生・共存」、「経済における人間性の復権」には重要である。そのような意味での人間らしい自分自身の暮らしを充実させるために、ライフデザインを転換すること、すなわちスロースタイルとDIYの精神とは関わりが深い。こうした点も含めたきめ細やかな移住者支援の環境を整えることが、今後の地域活性化支援策に大きな役割を果たすと思われる。

「吉野・大峯」は、こうしたコンテクスト転換を、すなわちアイデンティティ

のリ・デザインを求める人にとっては、まさに格好の地域である。"憧れ"と"安らぎ"の聖地、そして未来に向けたライフデザインのためのスロースタイルの地であることが、吉野町が目指すべき地域ブランディングの方向性になるであろう。

おわりに

本章では「吉野・大峯」というゾーンを捉えた地域ブランディングを、いくつかのエリアのもつ地域価値の創造という視点から考察した。

提示されたのは、1つは産業地とおもてなしの町としての吉野貯木場・上市エリアであり、もう1つは山と川の文化により育まれた「良き野」としての国栖・中荘エリアである。これまで他章で見てきたように、「吉野・大峯」には歴史的な視点で価値のある場所となるトポスは数多く存在する。しかし歴史にばかりこだわらずとも、今もここに住まう人々の活動や伝統的産業を軸とした視点から、十分に価値をもつ場所としてデザインできる地域があることが示された。これにより、トポスという地域ブランディングのファクターから捉えると、吉野がいかに優れた場所にあふれており、コンテクストデザインに適している地域であるかということも理解できるだろう。

そして何より大切なのは、これらのトポスを統合することによって、「吉野・大峯」における"憧れ"と"安らぎ"の聖地としての価値が、さらに強化されることである。さらに、このようにトポスを捉えることで、スロースタイルというこれからのライフスタイルを実現する地としてのブランディングも可能になる。これらの価値により、人々の「吉野・大峯」への関わりを、短期滞在型から長期滞在型へ、さらには永住へと段階を上げることが期待されるし、そのための具体的な施策も必要となるだろう。そして、このステップアップこそが吉野の未来への可能性を高めることになる。

註

1 トポスとは、価値あるものとして意味づけされた場所である。人々の心のなかにエピソードを形成するための場所であり、一方で人々のエピソードによって意味づけされる場所でもある。地域デザインにおける重要な構成要素のひとつである(原田・古賀、2013)。
2 2014年6月の第38回世界遺産委員会において、正式に世界遺産へ登録された。
3 奈良県南部に位置する山々である。
4 主に奈良県中南部を産地とする杉のことである。

5 2014年に若手製材関係者を中心メンバーとして発足されたプロジェクトである。
6 地域の活性化を目的とすべく、総務省から任命された人々である。
7 吉野町にコミットして活動するグループである。
8 2014年3月に一般社団法人吉野ビジターズビューローから発刊された、吉野貯木場を案内する無料冊子である。
9 明日香村の史跡を巡る高齢者、障害者、観光来訪者等を対象とした歩行者移動支援サービスの提供を行うサイトである。
10 飛鳥時代と奈良時代に即位した歴代天皇が相次いで行幸した古代の離宮である。現在の宮滝地区に存在したとされている。
11 地元住民の有志が集まり地域の活性化を目的にするグループである。
12 特に環境や健康に配慮した生活を指向する生活者のライフスタイルのことである。
13 空き家管理に特化したNPO法人である。
14 専門業者に任せずに、自らの手で生活空間をより快適にすべく工事しようとする概念のこと。英語のDo It Yourselfの略語で、「自分自身で作ろう」の意である。

参考文献

足利健亮(1995)『考証・日本古代の空間』大明堂。
白洲正子(1991)『かくれ里』講談社文芸文庫。
総本山金峯山寺(2010)『蔵王権現入門』金峯山寺。
辻信一(2001)『スロー・イズ・ビューティフル』平凡社。
ちょぼくブック製作委員会(2014)『ちょぼくブック 奈良県吉野町、木のまちの暮らし』一般社団法人吉野ビジターズビューロー。
原田保(2007)「消費手段を奪還する生活者──スロースタイルマーケティングの基本概念」原田保・三浦俊彦編著『スロースタイル──生活デザインとポストマーケティング』新評論、9–40頁。
原田保・古賀広志(2013)「「海と島」の地域ブランディングのデザイン理論―ZCTデザインモデルによるドラマツルギーの発現にむけて―」原田保・古賀広志・西田小百合編著『海と島のブランドデザイン』芙蓉書房出版、49–75頁。
平井良朋(1972)「市場町・街道町としての上市」吉野町史編集委員会『吉野町史』上巻、吉野町役場、297–324頁。
藤江昌嗣(2007)「アイデンティティのリ・デザイン──自分探しのスローツーリズム」原田保・三浦俊彦編著『スロースタイル──生活デザインとポストマーケティング』新評論、123–141頁。
宮坂敏和(1979)『吉野路案内記』吉野町観光課。
和田萃(2004)「古代の吉野」増補吉野町史編集委員会『増補吉野町史』吉野町、88–106頁。

第6章

吉野町と諸周辺地域との広域ブランディング
——明日香・天川・熊野など、吉野ブランドを中心にした地域連携

西久保智美

はじめに

　先の各章においては、吉野[1]の観光の主要要素である「桜」への依存から脱却しようと、様々な議論が行われた。しかし、桜は吉野だけでなく、周辺地域への来訪者を増大させるという恩恵をもたらしている。毎年の桜の開花時期には吉野山の宿はほぼ満室状態になり、周辺の川上村[2]、黒滝村[3]、天川村[4]などの宿泊施設へと観光客が流れている。大手旅行代理店は、吉野山でひと目千本の桜を見た後に高野山で宿泊するというプランを提供している。

　こう考えると、桜は吉野と他の地域を結びつける連結機能を保持する大事なコンテンツであることが理解できる。このような状況を捉えた1つの対応として、桜による町づくりを本格的に推進するために、吉野町は「全国さくらサミット[5]」に参加している。そして、1994年には第6回サミットが、2010年には第19回サミットが吉野山で開かれた。このサミットは、全国から集まる25の自治体が、桜の保護育成の技術や情報を共有しながら、後世に桜を残していくための戦略的な取り組みを行う場にもなっている。また、桜をきっかけにして、世界遺産「サンマリノの歴史地区とティターノ山[6]」をもつサンマリノ共和国[7]の首都、サンマリノ市との交流が行われている。

　もちろん、連携に結びつくコンテンツは桜だけではない。古来、様々な時代にその名前が登場する吉野の歴史は、多方面で内容が豊富である。たとえば、2015年の高野山[8]開創1200年にあたり、弘法大師が青年期に歩いたとされる吉野から高野への道を再現する「弘法大師 吉野・高野の道プロジェクト[9]」に吉野町は参画している。

　また、岩手県平泉町とは、「義経・与一・弁慶・静合同サミット[10]」への共同参画や、西行が愛した吉野山の桜復活プロジェクト[11]をきっかけにして文化交流記念事業

を行った。さらに、2014年9月には、南朝つながりで福岡県八女市と友好都市協定が結ばれている。このような歴史コンテンツを用いた連携は、近隣の市町村のみならず、広く全国の市町村へと広がりつつある。

そこで、本章においては、第2章の「「吉野・大峯」の"聖地性"によるコンテクスト創造」を踏まえ、吉野の歴史をたどりながら、吉野と周辺地域の連携事業についての検証を行うこととし、これとの関連で今後の連携構想を考えてみる。なお、この地域連携戦略は、歴史コンテンツで結びつく吉野町と明日香村、そして祈りの道がつなぐ「吉野・大峯」と奈良県南部地域の連携から構成される。

1. 歴史コンテンツで結びつく「吉野」と「飛鳥」

町の書店に並んだガイドブックや旅行雑誌をみていると、吉野は飛鳥[12]（明日香[13]）と一緒に紹介されていることが多い。我が国の歴史をたどれば、大海人皇子は皇位継承の争いを避けるために吉野で出家した。しかしその後に、天智天皇が病死したことによって不穏な動静となり、結局は壬申の乱[14]を引き起こした。そして、この壬申の乱を制したのは、周知のように大海人皇子、すなわち天武天皇であった。

明日香の飛鳥浄御原宮[15]で即位した大海人皇子は、679年に皇后（後の持統天皇）と6人の皇子を連れて、宮滝の地にあったとされる吉野宮に行幸して、一族の結束を誓い合った。このときに通ったとされるのが、岡街道と呼ばれる、竜門山の芋峠を越えて吉野へ入る道である。天武天皇亡き後は、持統天皇もこの道を通り、在位期間も含めて、この峠を34回も行幸したと言われている。このようなエピソードをはじめ、いにしえの時代から吉野と飛鳥は人が行き来するなど、きわめて密接な関係を確立していた。

このような観点から、ここでは、地域連携に関して以下の3点の議論を展開したい。まずは、歴史コンテンツを活かしたウォーキング、次に橿原市等による奈良中部地域の広域連携策の展開、そして吉野と飛鳥・奈良県中南部地域との連携である。

(1) 歴史コンテンツを活かしたウォーキング──大海人皇子が通った道の散策

2014年には、明日香村と吉野町を結ぶ峠を歩くツアーを、吉野スタイルが企画し、一般社団法人吉野ビジターズビューロー[16]が主催した。吉野スタイルは、吉野で日常を過ごす人々が、いわば普段着の吉野をホームページなどから

情報発信したり、それを体感できるようなイベントを企画し運営する団体であり、2013年から吉野町内を走るコミュニティバスであるスマイルバスを使ったツアーを年間7、8本ほど企画している。このツアーは、吉野町に住む人々に吉野のことを知ってもらいたいという思いと、町が運営するコミュニティバスの積極的な利用促進に向けた戦略がマッチングして実現したものである。

　そして、このツアー実施の成功の後に、テーマ別にいくつかの周辺地域を訪ねて見聞を広げる小さな旅のイベントとして、「見て・歩いて・感じる　とびっきりの吉野の旅」が企画された。この企画のなかで、明日香から吉野へのウォーキングツアーである「万葉の飛鳥から新緑の吉野へ」が2014年5月25日に、「錦秋の明日香から吉野へ」が同年の11月16日に、それぞれ実施されることになった。これらのツアーは、どちらも募集人数25名を上回る盛況を見せた。

　そこで以下に、これらの企画の簡単な行程について紹介したい。まず明日香村の石舞台をスタートにして稲渕、栢森を通り、さらに小峠、芋峠を越えて吉野町の千股へ降り、そこからはバスで移動して吉野歴史資料館を目指す。吉野歴史資料館では、ツアーならではの特別企画として館長から「古代の飛鳥・吉野」についての解説があるので、歴史が苦手な人でも気軽に参加ができる【図表1】。

図表1　明日香から吉野への
　　　　ウォーキングコース

このウォーキングの最大の成果は、吉野サイドが計画したこの企画で、飛鳥京ボランティアガイドが明日香村を越えて全行程を通して説明を行うという、いわば地域を越えた観光案内を実現したことであった。多くの場合には、市町村をまたぐウォーキングでは、ボランティアガイドがすべての地域を総合的に案内することは難しい。なぜなら、行政単位で観光案内の担当エリアが設定されているからである。そのため地域をまたがる企画には、それぞれの地域のガイドが全行程に参加できる体制の整備が必要になる。そこで、企画全体をプロデュースする組織の介在が必要になってくるのであり、それらの連携が期待される。

吉野スタイルウォーキング

　こうして、行政の壁を越えた企画が地元発で実施されれば、今以上に観光客の増加が見込まれ、地域経済への貢献も飛躍的に増大する。そうなると、今回の企画のように、2つの町村の協同企画であれば、2つの町村のガイドが同行することになるので、彼らはどちらの地域のガイドを行っても形式的な問題は生じない。このような連携によって、従来では困難であった歴史ツアーの企画が新たな可能性を捉えて続々と誕生することになる。

　こうした認識に基づいて、吉野町においても、他の地域と同様に吉野町観光ボランティアガイドの会が活動を行っている。この組織は、2003年10月に設立され、翌2004年に事業を開始しており、主に吉野町を訪れる観光客などに対して、町の自然豊かな風土や歴史を感じる文化を案内することを主たる業務にするボランティア組織である。ここで活動するメンバーは、吉野を訪れる観光客に地域のことをより深く理解してほしいという思いから活動を行っている。

　他方、隣接する明日香村の飛鳥京ボランティアガイド[17]も同様に、観光客に対

して明日香村本来の魅力を伝える活動を行っている。

　明日香村でも、吉野町でも、地域の魅力をより強くアピールするためには、他地域との連携を必要としていた。それゆえ、これらの2つの組織が連携することによって、吉野スタイルのツアーが、吉野のみならず明日香まで含めてコースプログラムを設定できたのである。このことは、現在の吉野町と明日香村の一部は、歴史的な視点からセットで訴求することが観光価値の増大が図れると捉えられた、まさに戦略的な地域連携の事例であった。

　こうした行政単位を超えた地域連携の実現は、顧客目線に立脚した観光を模索しようとするならば当然の対応である。そして、こうした活動は吉野町の地域価値の増大へ向けた開かれた戦略であり、これによって吉野町を核とした広域連携の可能性が見えてくる。このウォーキング企画はささやかな一歩であったが、きわめて多大な意義を内包している。

（2）橿原市などによる奈良中部地域の広域連携戦略──吉野町の対応

　以上のような明日香村と吉野町の連携について、奈良県は一体いかに認識しているのかを確認する。2011年に奈良県が策定した「奈良県都市計画区域マスタープラン」には、「第2章　都市計画の目標　3.都市の将来像　(3)「吉野三町都市計画区域の将来像」」があり、その③に「ゆとりとうるおいのある地域環境を演出するレクリエーション空間や水と緑の観光交流軸の形成」として、以下のように述べられている（奈良県、2011a、19頁）。

　　「本都市計画区域と大和都市計画区域をつなぐ橿原～明日香～吉野の観光（歴史街道を含む。）の整備を進め、世界遺産として登録された「吉野・大峯」と「熊野三山」の二大霊場を結ぶ「大峯奥駈道」、「熊野三山」と「高野山」を結ぶ「小辺路」の古道などの歴史的空間との連携を強化する。」

　ここで留意すべきは、文章中の「吉野」は吉野町単独ではなく、吉野町を含む大淀町、下市町を併せた広域的な吉野を指していることである。これから理解できるのは、奈良県も、橿原から明日香、さらには吉野への連携強化を行うことが、観光ビジネス拡大への促進に結びつくと考えているということである【図表2】。

　明日香から吉野へのラインは、当然ながら他市町村においても重要視されている。橿原市が呼びかけて設立された中南和広域観光協議会[18]は、橿原市をはじめとする明日香村、吉野町をも含む、中南和地域の14市町村[19]と奈良県が加盟し

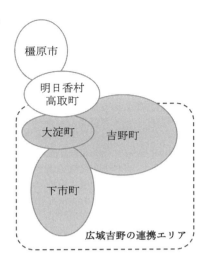

図表2 広域吉野の連携エリア

ている。

　現在、この協議会では以下の5項目についての調査検討を行っている。これらと平行して他の協議も重ねられており、まさに広域レベルでの一体的な観光振興や観光事業の展開が推進されている（橿原市、2014、1頁）。

> 「①自治体の観光資源を有機的に結び付け、広域的な観光施策展開の支援を行うこと。
> ②観光情報の交流・交換を行い、当該情報を中南和地域全体で発信すること。
> ③広域的な観光テーマを設定し、観光モデルコースを創設すること。
> ④修学旅行を呼び込むためのソフトの開発を進めること。
> ⑤観光振興を担当する者の知識、識見、能力の向上に関すること。」

　また、橿原市が運営する近鉄大和八木駅南口のかしはらナビプラザ[20]では、中南和地域の情報発信の提供やイベントの開催が行われている。近鉄大和八木駅は、大阪線と京都線（橿原線）がクロスしており、1日の乗降人員は約3万5000人である。そして、関西国際空港への直通のバスが1日13便も出ており、そのため奈良県中南和地域の玄関口と呼ばれている。これを捉えて、橿原市は近年では積極的に広域観光の振興に向けた動きを見せている。2014年の施策を見ると、今までのイベント開催による誘客の成果を踏まえて、いよいよインバウンド観光を視野に入れた市外や県外からの来訪を増大することに目標を置きはじめているのが読み取れる（橿原市、2014）。

その上で、他の市町村と連携した広域的な観光振興を行い、よりスケールの大きな、広報的アウトプットの増大につながる活動が模索されている。たとえば橿原市のホームページでは、「その他、高野山の厳かな魅力は日本人のみならず外国人観光客の間にも魅力的であり、吉野・高野山・熊野と飛鳥・藤原宮跡とを組み合わせたツアールートを検討します」(橿原市、2014、4頁)と述べられている。
　このような広域の観光戦略が具体的に進展する状況において、吉野としては一体いかなる地域連携を戦略的に展開すればよいのかを真剣に考えることが求められる。

(3) 明日香村、奈良県中南部地域との連携——吉野町にとってのメリット

　橿原市の意向は、吉野にとっても十分に魅力のある内容である。大海人皇子、持統天皇をはじめ、歴史コンテンツがちりばめられている明日香村、橿原市と連携することで、観光客の受け入れ体制が整えられる。このことを通して、歴史が好きな人のみならず、ちょうど歴史に興味をもちはじめている初心者へのアプローチもできる。そして次第に、それぞれの地域における観光客の滞在時間が増大することも期待できる。中南和広域観光協議会は、今は行政同士の連携組織であるが、ここに前述した吉野スタイルのような民間団体や、各市町村の観光協会、商工会などが加われば、既存のコンテンツだけでは実現できない新たな展開が生まれてくるかもしれない。
　また 2014 年 10 月 30 日には、広域観光の先進事例を報告する「観光圏[21]シンポジウム　地方創生のカギは『住んでよし、訪れてよし』」が、東京で開催された。このシンポジウムにおいて、広域観光を推進するには、自治体の枠を超えた地域連携、業界の枠を超えた異業種連携、さらには官と民を越えた官民連携が必要になるが、他方では、それぞれの組織同士が連携するのは至難の技で、この3つのハードルを乗り越えないと、広域観光が進まないという問題点が指摘された。
　このように、他の地域のコンテンツを企画の構成要素として組み込むには、それぞれのコンテンツを保持する他の地域との丁寧な連携が不可欠になっている。そうなると、地域間の相互理解ができる仕組みを構築することが必要になる。特に、歴史コンテンツを活用した連携事業を展開するためには、それぞれの市町村で活躍するボランティア団体の交流からはじめることが大切である。
　また、関西国際空港からの直通バスが近鉄大和八木駅前に発着していることは、これからインバウンド施策に乗り出していく吉野町にとっては、今後の展開にまさに追い風の状況となる。この状況を捉えて、今後、吉野町が注力すべきは、関

西国際空港からの外国人の誘引となる。現在では、桜の時期は吉野町への外国人の来訪者はそれなりに増えているものの、その実数は調査を行っていないため把握できていない状況にある。

周知のように、2013年12月には訪日外国人旅行者の数が1000万人を達成し、2014年には1200万人を超える勢いであり、さらに東京オリンピックが開催される2020年には2000万人を目指している。このような状況のなかで、高野山（和歌山県高野町）や明日香村は、すでに積極的な観光対応を行っている。たとえば、明日香村では飛鳥ニューツーリズム協議会[22]を立ちあげて、体験交流プログラムと民家ステイの展開によって、国内教育旅行を核にしたインバウンド事業に注力しており、このプログラムでは農業体験が中心になっている。

これに対して、吉野町では林業体験や貯木場の見学、伝統的産業の和紙漉き、箸づくり体験など、まさに明日香村にないコンテンツを捉えたプログラムの構築が考えられる。また吉野には、かつて飛鳥の都人が神仙境と憧れた風景があり、それを効果的に活用したプログラムの構築も大いに期待される。

このように、相互に隣接する明日香村と吉野町は、単独でもそれなりのプログラムの構築は可能であるが、京都や奈良市内などとの競争に勝ち抜くには、この2つの地域の連携はきわめて重要である。場合によっては、飛鳥（明日香村のブランド）と吉野の2重ブランドの訴求も、それなりに期待ができるであろう。このように捉えれば飛鳥と吉野は、単独でも十分に観光地としてのブランドはあるが、コラボレーションを行うことによって、さらに地域ブランドに深みが出てくるともいえる。

2.「祈りの道」がつなぐ「吉野・大峯」と奈良県南部地域の連携

世界遺産の「紀伊山地の霊場と参詣道」[23]がユネスコの世界文化遺産として登録されてから、2014年7月で10周年を迎えることになった。ここには、「吉野・大峯」、「熊野三山」、「高野山」に開かれた宗教的聖地と、各霊場を往来するために発達した参詣道である「大峯奥駈道」[24]、「熊野参詣道」[25]、「高野山町石道」が含まれている。また、「高野大峯街道」[26]もある。これらの道は聖地と聖地を結びつける祈りの道として、いにしえの時代から人々が歩いてきたことを物語っている。その面影は、それぞれの集落のなかにある道標、道中記、定宿帳などによって、今も残されている[27]。

そこで以下では、「祈り」のコンテンツを主題にした連携事業を紹介しながら、

奈良県南部地域における吉野の在り様を探りたい。具体的には、2つのプロジェクトがつなぐ吉野と高野山、奈良県南部地域における吉野町の戦略的役割である。

(1) 2つのプロジェクトがつなぐ聖地の吉野と高野山

2015年には、いよいよ高野山が開かれて1200年を迎える。「少年の日、吉野より南へ1日、西へ2日」と空海[28]（弘法大師）が『性霊集』に記した、吉野山から高野山まで歩いた道を蘇らせるために、金剛峯寺[29]、金峯山寺[30]、奈良県、和歌山県が中心になって、2010年9月24日に「弘法大師の道プロジェクト」実行委員会が発足した。そして、奈良県立橿原考古学研究所[31]や奈良山岳遺跡研究会[32]などの研究機関も交えながら、同年の12月には実際にこの道の踏査を行い、実行委員会で検討を重ねて全長55.7キロメートルの道を確定した。また2014年5月28日から30日にわたり、金剛峯寺、金峯山寺をはじめとする関係者によって開闢修行も行われた。さらにこの道は、同年6月には、トレイル[33]ランナーの鏑木毅、横山峰弘とともに一般の人々が走る「Kobo Trail 2014[34]」が開催されている（奈良県南部東部振興課、2011）。

これに先立つ2011年4月には、吉野町が中心になり、高野山がある和歌山県高野町までの1市2町3村（吉野町、黒滝村、天川村、五條市、野迫川村、高野町）で構成、広域観光を促進する「吉野大峯・高野観光圏[35]」が観光庁に認定され、5年間の整備計画のもとに連携事業を進めている。吉野大峯・高野観光圏は、日本固有の宗教文化を今日に色濃く残す神仏が宿る聖地として、大峯高野街道や文化遺産が多く残されている地域で、さらに、紀伊山地の豊富な自然環境に育まれた食文化やものづくりなど独自の生活文化が息づいている。このような、各地の様々な地域資源を活かした体験を連携させることによって、来訪する人の圏域内での周遊性を高めながら宿泊を伴う長期滞在を促進させ、さらには地域全体の活性化に結びつけていくことを目指している（奈良県吉野町他、2011）。

この吉野から高野山へ向かう道中には、弘法大師ゆかりの天河大辨財天社、野川弁財天をはじめとする史跡がそれなりに残されている。2004年から2005年には、天川村、旧大塔村（現五條市の一部）、野迫川村の協働によって、大峰山から高野山を結びつけ、「すずかけの道」ともよばれる大峯高野街道について、埋もれかかる地域資源の活用による地域振興施策が検討された。急速に過疎化が進む地域の観光振興の1つとして、弘法大師と祈りの道をキーコンセプトにした、まさに市町村の枠を超えた連携事業が進められてきたのである。

しかし、修験道の聖地である「吉野山」から真言宗の聖地である「高野山」へ向

かうにも、このルートだと地域間での公共交通機関がつながっていないために、自家用車を利用するしか移動の方法がない。もしも、ここで公共交通機関を利用しようとするならば、次のような道程を辿ることになる。まず、吉野山からロープウェイで近鉄吉野駅へ下り、そこから近鉄線へ乗り換える。そして、近鉄吉野口駅でJR和歌山線に乗り換えて橋本駅を目指す。橋本駅では、南海電車に乗り換えて極楽橋駅に行く。そして、極楽橋駅でケーブルカーに乗り換え、やっと高野山へ辿りつく。このように、乗り換えがやたらと多く、接続の状態にもよるのだが、到着まで約2時間半から約4時間かかってしまう。

また仮に、このように公共交通機関で移動するにしても、単にコンテンツとしての点（トポス）を訪問するにすぎなくなり、コンテクストに依拠した面（ゾーン）から見る複数の点の意味や価値を感じることはできない。すなわち、単なる点の羅列の観光ルートでは、ストーリーによるエピソードメイクはほとんど期待できない。

それゆえ、地域ブランディングはあくまで「吉野・大峯」で行いながら、このゾーンの地域ブランドとしての価値を増大させるための観光プログラムとして高野山との連携を模索するのが戦略的な判断であると思われる。なおこれについては、明日香村との広域連携においても、まったく同様だと考えるべきである。ただし、高野山と連携した広域のプロモーションは、あくまでも「吉野・大峯」という地域ブランドをコアに据えての展開が期待されることを忘れてはならない。

以上のような前提を踏まえながら、点と点をつなぐ具体的な方法を考えることにしたい。この広域圏において、つなぎの役割を担うことができるのは弘法大師を除いて他には考えにくい。しかし他方で、弘法太師は高野山との関係が強いために、主役の座を高野山に引き込まれないように注意することが大事であろう。そこで、修験つながりでの役小角の役割が重要になり、役小角から弘法大師へという宗教者の系譜のクローズアップが不可欠になる。

他方では近年、盛年層をはじめとする健康増進を求めるヘルスツーリズムが人気を集めており、世界遺産「紀伊山地の霊場と参詣道」の熊野古道や、吉野町における森林セラピー事業[36]などに代表される歩く体験に注目が集まっている。このことから考えても、吉野と高野山をつなぐこの道は、地域のストーリーをつむぎながら、里と里をつなぐ歩く道として、再度スポットライトを当ててみる価値がある。紀伊山地には「吉野・大峯」、「熊野三山」、「高野山」という3つの異なる霊場があり、それらは日本の自然に根差した神道であり、また中国と朝鮮半島から伝来した仏教の融合を示す道である。そこは、まさに日本人の精神文化に触れ

られる稀有な場所であると言える。

　この道を歩いたり、この地域に滞在したりすることによって、ここを訪れる多くの人々は、古来よりずっと大切にされてきたものを自然に体感することができ、自分自身を見つめ直すことができる。吉野から高野という地域には、他の地域には見出せない歴史的な裏づけのある様々なコンテンツがあり、これらが今にいたるまで連綿と受け継がれる濃厚な文化が存在している。

　他にも、吉野大峯・高野観光圏では、2013年に女性を対象にした「五感を澄ます旅〜吉野のパワースポットでココロとカラダを潤す」が企画され、首都圏や京阪神地域より30代から70代の女性が多く参加した。この企画では、天河大辨財天社[37]の能舞台で瞑想を行ったり、デトックスヨガ[38]を行ったり、あるいは自身を見つめ直すような内省を促すようなプログラムが行われた。また2012年からは吉野郡[39]にある8つの商工会が合同で、女性を対象にした「吉野を巡る旅」を企画し、社寺での体験を中心にしながら非日常的な大自然のなかでリフレッシュできる旅を提供している。

五感を澄ます旅

　このような動きから、祈りも聖地も過去からこの地域の文化圏を構成してきたものであり、この地域の未来にもつながるものであることが理解される。前述の通り、吉野という地域は、ここに隠遁した大海人皇子が力を蓄え壬申の乱を起こして勝利した、まさに再生の地であった。そして、吉野がもつこのような特徴は高野まで含めた広域でも見出され、それは地域ブランディングにとっては戦略的な価値となる。筆者には、この広域の地域が、多忙な現代社会に生きる人々にとってのある種の癒しの空間になりうると感じられる。

(2) 奈良県の南部地域での吉野町の戦略的役割

　吉野町がある奈良県の南部地域は、吉野町を含め五條市と吉野郡3町8村の計12市町村[40]が存在している。その総面積は2347平方キロメートルであり、奈良県の総面積3691平方キロメートルの大半を占めている【図表3】。

図表3　奈良県南部の地図

　そこで、この12市町村の連携を図るために、1997年3月に南和広域連合[41]が立ち上がった。この南和広域連合は、観光振興や人材育成、介護認定などの面で活動してきた組織で、観光については、主に「みなみ大和観光ガイドブック」というパンフレットの制作や、世界遺産に関連する事業の実施、そしてフォトコンテストの開催やプロモーションなどが行われた。このような活動を通じ、12市町村の魅力をまとめて発信することによって、各方面へ奈良県南部地域のイメージ醸成をしてきた。しかし、観光については一定の目的が果たされたということによって、2011年1月には南和広域連合を解散することになった。その後は、これに替わって介護保険制度や障害者自立支援制度の事務を扱う南和協議会[42]が設立されている。

　以降、南和地域における観光はそれぞれの市町村が単独に活動を行うようになっている。それまで定期的に行われていた会議は地域の情報共有の場であり、また長期にわたって広域的な観光の戦略を検討する場であったが、これがなくなることによって再び市町村の連携が取られなくなった。

また、92パーセントが森林を占めている南部地域は、過去には林業が主産業だったものの、外材輸入の増加に伴う国産材価格の低迷や林業所得の減少などによって、現在では産業自体が低迷している。そこでこれに替わるものとして、どの市町村も観光事業に力を入れはじめた。しかし、12市町村にはそれぞれに観光資源はあるものの、予算に限りがあることもあってか単独の活動には限度があった。

　そんな矢先の2011年9月に、台風12号による大雨によって南部地域の広範囲にわたって大災害が起きた。奈良県では、南部地域を中心にして33件の土砂災害が起こり、特に五條市や天川村、十津川村では死者が14名、行方不明者が10名も出た（奈良県、2011b）。次第に復興が進むものの、それでも風評被害はなかなかなくならずに、吉野山や天川村洞川温泉などの主要な観光地でのキャンセルが相次いだ。これによって観光客数は大きく落ち込み[43]、観光事業者には大打撃となった。

　ちょうどその年の4月に、奈良県は南部地域振興課を設置し、過疎化・高齢化対策、地域産業の活性化などの振興策に向けて動き出したところであった。そこで早速、観光客数の回復のために、県南部の旅館集積地である吉野町、天川村、十津川村の3町村への来訪を促すために、吉野・天川・十津川連携観光協議会[44]を発足させることになった。その際に、じゃらんリサーチセンターとともに「食×観光」の地産地消＆地産都消プロモーションを展開した。その他にも、フォトコンテストや、周遊用の御朱印帳の制作なども行った（リクルート、2013）。

　他方で、2012年2月には第1節でも述べた中南和広域観光協議会が、2013年10月には下市町・黒滝村観光連合協議会が、それぞれ設置されることになった。参加する市町村は微妙に異なっていたが、その目的はほとんど変わらないものであった。この事態を受けて、北岡篤吉野町長は、南部地域の首長ならびに観光担当者に声をかけて、2014年2月に同地域の広域観光についての意見交換会[45]を開催し、南部地域の現状を認識した上で、それぞれの市町村長に意見を求めた。なお、ここで出された意見の大半は広域観光を促進していくことに賛成というものであった。

　しかし問題は、1つの事業を行うにも南部地域全体が広すぎるということである。極端にいえば、東端の村と西端の村が連携をした場合には、効果がさほど見出せないという懸念がある。そこで、12市町村全体で動くべき事業と、それぞれ周辺市町村で連携をとる方が良い事業とに分けるのが現実的な対応であるということになった。そして、このような考え方に依拠しながら、より大きな成果を

指向すべく新たな事業プランを計画していく必要があるという結論が導かれた。同年5月に開催された12市町村の観光担当課長の会議においても、また同様の結論が出され、その後これをマネジメントする事務局をどこに担当させるのかが課題になった。

吉野町では、2013年4月に吉野町観光協会を一般社団法人吉野ビジターズビューローとして、近鉄大和上市駅前に事務所を設立することになった。現在は、吉野地域の玄関口として「周辺地域との連携」と「おもてなしの充実」を目指して、吉野町の観光振興策に取り組んでいる。

すでに吉野町では、吉野山観光協会、津風呂湖観光協会、国栖の里観光協会と3つの観光協会があり、個々に活動を展開している。しかし近年の旅行スタイルは、次第に従来の団体旅行（マスツーリズム）から家族や友人など少人数で好きなテーマに沿って体験や学習ができるオルタナティブツーリズム[46]へと移りつつある。今後は観光協会にも大きな変化が求められることであろう。

そのための戦略として、吉野ビジターズビューローが観光協会としての役割を果たすとともに、第3種旅行業者[47]の資格を取得したことによって、新たに着地型観光の推進や周辺地域への誘客を含めた滞在性や周遊性の高い旅行コンテンツを作りだしてゆくことを指向している。吉野町以外の11市町村やその観光協会は旅行業の資格をもっていないために、南部地域を売りだしていくためには、まさに吉野ビジターズビューローが大事な役割を担うことになる。

しかし現状では、第3種旅行業者のため、あくまでも現地を訪れた人々を吉野町と隣接する市町村間のみしか案内できないという制約が生じているので、12市町村全体での観光ビジネスのためには、現在の第3種資格を第2種資格[48]に転換させる必要がある。このことによって、地域をよく知る人がより広域の観光企画を行い、運営し、来訪客をもてなすことができ、大手旅行代理店とは一味異なる地域密着型の旅行商品を組み立てることができるようになる。

また、南部地域では道路事情が悪いためにマイクロバスでの移動が適しているし、宿泊施設も大人数で泊まれる施設は限られているため、20名前後のツアーが最適であると思われる。東京や大阪方面でプロモーションを行いながら、まずは興味をもった顧客が楽しめるようなコンテンツを創出することが求められる。その上で、それぞれの地域担当者と地元の人々が顧客の受け入れ態勢をしっかり構築することが期待される。

個々の市町村では限界があるものの、南部地域の資源を集約して活用することによって、また業務はそれぞれに役割分担を行うことによって、南部地域のスムー

ズな人の流れや人の循環を生み出していく施策が、今後の観光には欠かせない。そのためにも、吉野ビジターズビューローをもつ吉野町がリーダーシップを発揮すべきである。

おわりに

　本章では、豊富な観光コンテンツがありながらも、年々人口が減少している吉野町の地域価値の増大に向けた地域ブランディングが、主に観光ビジネスの視角から行われた。この吉野をはじめとして、奈良県南部地域では今や観光ビジネスを除いて、地域の経済を活性化させる産業を見出すのは難しいと思われる。すでに観光産業の母体になる観光協会やボランティアガイド団体を組織し、積極的に活動している市町村もあれば、新たに設立しようと画策している町村もある。

　しかし、それを主体となって動かしていく人材の不足も否めない。現状は吉野郡の多くの観光協会は、行政が事務局を担っている状態で、看板やパンフレットの制作、研修を行うのがほとんどで、積極的な取り組みが行われていないことが多い。これらの理由から一市町村での活動の限界があるために、行政間において、観光を主体とした様々な連携組織が作られてきた。

　このような現状において、いにしえの時代から「桜の吉野」として多くの人を集め、奈良県南部地域で早い段階から積極的に観光に取り組む吉野町の存在は、周辺の町村から期待されている。南部地域が1つになることで、プロモーションや地図・パンフレット制作の費用も一市町村あたりの負担が少なくなり、観光客も一括して情報を収集することができ、便利になる。

　たとえば、交通手段が少ない南部地域の移動に関しては、それぞれの市町村が走らせているバスの時刻表を整理することで、観光客が、より便利に地域を回ることができるようになる。いずれ、それぞれのバスに乗り継ぎしやすくなる取り組みが実現できれば、公共交通機関を利用する観光客にとっても安心して周遊することができるであろう。しかし現状では、こうした取り組みを実現するにはまだまだ難しい状況にある。

　今後の吉野においては、官民あげての地域価値の増大に向けての果敢な取り組みが必要とされている。そこで重要なことは、単に補助金頼みの受身の対応ではなく、町の内発的な運動の喚起や、外部人材の積極的な取り込みである。こうして、住民の意識喚起と地域アクターたちの能力向上が求められるようになる。そして、吉野町だけにかぎらず、周辺地域の人々をも巻き込みながら、ともに「吉野」

という地域全体の歴史を振り返り、考え、行動し、地域の未来像を共有していくことが必要になる。

　いずれにしても、吉野町をはじめとして、この奈良県南部ほど多彩な観光コンテンツをもち、そこに多様なストーリーが見出せる地域は他にない。奈良県南部において、歴史的にも、経済的にも、吉野町がリーダーシップを発揮した地域デザインを模索することが大いに期待される。

註

1　ここでは、特別の断りがない場合には、吉野は吉野町を表わしている。
2　吉野町の南東に位置し、面積269.16平方キロメートル、総人口1388人（2014年12月1日現在）。主産業は林業である。
3　吉野町の南に位置し、面積47.71平方キロメートル、総人口732人（2014年12月1日現在）。主産業は林業である。
4　黒滝村の南に位置し、面積175.70平方キロメートル、総人口1371人（2014年12月1日現在）。主産業は林業、観光業である。
5　1987年4月、島根県木次町（現雲南市）が、自治体同士の交流、情報交換を目的として全国の自治体に呼びかけ、第1回さくらサミットを開催した。
6　中世的な都市国家の様相を色濃く残す歴史的な町並みが評価され、2008年に世界遺産に登録された。
7　イタリア半島の中東部に位置する世界最古の共和国で、首都はサンマリノ市である。
8　和歌山県伊都郡高野町にある標高約1000メートルの山々の総称。平安時代、弘法大師空海が修行の場として開創した。
9　金剛峯寺、金峯山寺、奈良県、和歌山県等関係者によって、2010年9月24日、実行委員会を発足。同年12月には実際に踏査を行い、検討を重ね、全長55.7キロメートルの道を確定した。
10　1996年に那須与一サミット、2004年に義経サミットがそれぞれはじまり、2006年には弁慶と静御前が合流し、現在のサミットとなる。39自治体が加盟（2014年7月現在）。
11　平泉の世界遺産登録をきっかけに吉野町と交流。2013年4月に平泉町で文化交流記念事業の一環として、チャリティコンサートを開催した。
12　飛鳥は明日香村を中心に、橿原市や桜井市、高取町など周辺の地域を含めた総称である。
13　吉野町の北に位置し、面積24.08平方キロメートル。総人口5499人（2014年12月1日現在）。主産業は観光業、農業である。
14　672年に起きた古代史最大の内乱。天智天皇死後の皇位を巡り、異母弟の大海人皇子と、息子の大友皇子が戦った。
15　天武天皇と持統天皇の皇居である。
16　旧吉野町観光協会。吉野町内の3観光協会と新規の会員が一体となって観光振興に取り組むために、2013年2月12日に一般社団法人として設立した。
17　1994年に結成された。明日香村内全域の案内が可能で、英語、韓国語ができるボランティ

18　奈良県中南和地域の一体的な観光振興、観光事業展開を促進するために2013年4月に設立された。
19　橿原市、大和高田市、天理市、桜井市、五條市、御所市、葛城市、宇陀市、田原本町、高取町、明日香村、吉野町、大淀町、下市町である。
20　近鉄大和八木駅南口に設立された中南和観光の情報発信基地を兼ねた橿原市観光交流センターである。
21　観光圏とは、「自然・歴史・文化等において密接な関係のある観光地を一体とした区域であって、区域内の関係者が連携し、地域の幅広い観光資源を活用して、観光客が滞在・周遊できる魅力ある観光地域づくりを促進するもの」である（観光庁、2014）。
22　飛鳥地域において体験交流プログラムと民家ステイによる教育旅行の受け入れ推進、地域及び県内において体験交流プログラムや地域資源を活用した着地型観光を展開していくために、2011年に設立された。
23　奈良県、和歌山県、三重県にまたがる3つの霊場（吉野・大峯、熊野三山、高野山）と参詣道、および、それらを取り巻く文化的景観が主役の世界遺産である。2004年7月7日に登録された。
24　修験道の開祖、行小角（役行者）が開いた、吉野山と熊野三山を結ぶ修行の道である。
25　中辺路、小辺路、大辺路、伊勢路からなる参詣道である。
26　高野山と大峰山山上ケ岳の2大聖地をつなぐ巡礼の道である。
27　道中記、定宿帳とは、当時の社寺参詣や宿泊や飲食などのスポットを記した庶民の旅の実用的案内書であった。また、江戸時代後期から明治期にかけての数多く出版物のなかには、吉野山から天川、五條、野迫川、高野山、そして大阪にいたるまでのルートが紹介されている。
28　平安時代初期の僧侶（774–835年）。俗名は佐伯眞魚。唐で密教を学び、816年、嵯峨天皇から高野山を下賜され真言宗を開いた。入滅後、醍醐天皇から「弘法大師」の名を授けられた。
29　和歌山県伊都郡高野町高野山にある高野山真言宗の総本山。
30　奈良県吉野郡吉野町吉野山にある修験本宗の総本山である。
31　奈良県橿原市畝傍町に設置された奈良県の埋蔵文化財調査研究機関である。
32　山好きの考古学研究者が集い、1991年から活動を行う。
33　山や森林にある登山道や林道などを走るスポーツである。
34　2014年6月28日–29日に実施、全国から168人が参加した。吉野山の金峯山寺から高野山の金剛峯寺までの55.7キロメートルと42.4キロメートルの2コースで競い合った。
35　奈良県の5市町村（吉野町、黒滝村、天川村、五條市、野迫川村）と和歌山県の1町（高野町）による広域観光連携事業である。
36　森林セラピーとは、医学的なエビデンス（証拠）に裏づけされた森林浴効果をいい、森林環境を利用して心身の健康維持、増進、疾病の予防を行うこと。特定非営利活動法人である森林セラピーソサエティが認証を行い、2014年11月現在、全国に57か所の「森林セラピー基地」がある。
37　奈良県吉野郡天川村坪内にある神社。修験道の開祖、役小角（役行者）が創建。辨財天は芸能の神様として知られる。世阿弥が使ったとされる「阿古父尉」の面など能楽にまつわる資料が数多く残されている。
38　新陳代謝を高めるプログラムを中心に、体内の毒素を排出し、精神と身体のリフレッシュ

を行う体操である。
39 吉野町、大淀町、下市町、黒滝村、天川村、野迫川村、十津川村、下北山村、上北山村、川上村、東吉野村の11町村である。
40 五條市、吉野町、大淀町、下市町、黒滝村、天川村、野迫川村、十津川村、下北山村、上北山村、川上村、東吉野村である。
41 広域連合とは1995年から総務省が、様々な広域的ニーズに柔軟かつ効率的に対応するとともに、権限委譲の受け入れ体制を整備するために施行した制度である（総務省、2009）。この制度を活用して成立した南和広域連合は、12市町村の連携を深めるために1997年3月に設立。その目的が達成されたとされ、2011年3月に解散した。
42 南和広域連合が担ってきた介護保険制度、障害者自立支援制度の事務を扱うため、2011年1月に発足した。
43 2011年11月、奈良県が国に提出した「紀伊半島大水害による奈良県内観光地・文化財被害の早期復旧・復興と風評被害の防止策支援」の資料では、南部地域の360の宿泊施設で、宿泊減少件数が6000件、減少人数が18000人（奈良県、2011c）。その後、県は1万円の宿泊券を8000円で購入できるプレミアム宿泊旅行券の発売や、宿泊を伴う会議などを開催すれば、バス代などを支援するなど、回復に向けて多様な取り組みが行われた。
44 奈良県南部地域の旅館集積地の3町村が合同でプロモーションやイベントを実施した。
45 吉野町の北岡篤町長の呼びかけで、2014年2月24日に実施。奈良県南部地域の12市町村長（五條市は観光担当者、上北山村、下北山村は副村長が出席）が参加した。
46 マスツーリズムにとってかわる観光を意味する。旅行者が観光地などの自然や文化的伝統を破壊してしまうというマスツーリズムから生じた弊害を克服し、新しい観光のあり方を追い求めていこうとするものである。
47 旅行業法によって第1種、第2種、第3種と分かれ、資本金や供託金、業務の内容が区分される。第3種は資本金300万円以上、供託金300万円、募集型企画旅行を行う際、出発地、目的地、宿泊地および、帰着地が営業所のある市町村と隣接する市町村のみで実施することができる。
48 第2種は資本金700万円以上、供託金1100万円、海外の募集型企画旅行以外のすべての旅行契約を取り扱うことができる。

参考文献

橿原市（2014）「橿原市HP｜八木駅南市有地活用事業　資料8 橿原市の観光施策の考え方」
http://www.city.kashihara.nara.jp/yagiseibi/documents/17siryou8.pdf（2014年11月30日閲覧）。

観光庁（2014）「観光庁HP｜観光圏の整備について」
http://www.mlit.go.jp/kankocho/shisaku/kankochi/seibi.html（2014年11月30日閲覧）。

総務省（2009）「総務省HP｜広域連合」
http://www.soumu.go.jp/kouiki/kouiki1.html（2014年11月30日閲覧）。

奈良県（2011a）「奈良県HP｜奈良県都市計画区域マスタープラン｜第2章(3)吉野三町都市計画区域の将来像」

http://www.pref.nara.jp/secure/10547/honnpenn-19-20.pdf（2014年11月30日閲覧）。
奈良県（2011b）「紀伊半島大水害による被害状況、取組みについて」
http://www.pref.nara.jp/secure/77070/siryo1-1.pdf（2014年11月30日閲覧）。
奈良県（2011c）「紀伊半島大水害による奈良県内観光地・文化財被害の早期復旧・復興と風評被害の防止策支援」
http://www.pref.nara.jp/secure/74775/h23-11s-2-3-1.pdf（2014年11月30日閲覧）。
奈良県南部東部振興課（2011）「弘法大師の道プロジェクト」
http://www.okuyamato.pref.nara.jp/kobodaishi/（2014年11月30日閲覧）。
奈良県吉野町・黒滝村・天川村・五條市・野迫川村・和歌山県高野町（2011）「吉野大峯・高野観光圏整備計画～神仏が宿る心のふるさと～」
http://www.mlit.go.jp/common/000142479.pdf（2014年11月30日閲覧）。
リクルート（2013）「じゃらんリサーチセンターHP｜エリア活性事例｜奈良県南部の3町村が連携、「食×観光」の地産地消＆地産都消プロモーションを展開」
http://jrc.jalan.net/areajirei/2013/05/3-35e4.html（2014年11月30日閲覧）。

エピローグ

吉野町の今後を見据えた将来展望——明日への希望と期待

北岡篤

はじめに——"憧れ"と"安らぎ"、そして聖地性

　本書においては、吉野という地域を、ゾーンデザイン、コンステレーションデザイン、アクターズネットワークデザイン、トポスデザインという新しい視点から捉えた詳細な論述が展開されている。

　原田保はプロローグで、「どこが「吉野」なのか？」を「吉野・大峯」である、そして「何が「吉野」なのか？」を「"憧れ"と"安らぎ"の体験」であると明確に規定して、今後の地域ブランディングにおいて「誰が主役なのか？」を「過去から現在に至る著名人である」と述べている。

　椿本久志、古賀文子、紙森智章の3氏は第1章で、「川の吉野」から「山の吉野」へ、そして吉野における豊かな歴史と文化を概観した。

　鈴木敦詞は第2章で、吉野という地域の時間的＝歴史的意味づけと空間的＝地形的定義の検討を通じて、従来の「桜」というイメージを超えたゾーンデザインを考察し、"憧れ"と"安らぎ"の地としての「聖地性」が現代人を引きつける地域ブランディングのコンセプトになることを主張している。

　武中千里は第3章で、吉野において希有な密集度を誇る歴史的遺産、聖地性に心ひかれてこの地にやってきた著名人である歴史的なアクター、全国的な伝統産品という3つの魅力をあげて、「再生と再起」そして「自然と一体化」する地である「吉野・大峯」というコンセプトによる壮大な物語を紡ぎ、地域への訪問客を増やすための具体的な提言をしている。

　紙森智章は第4章で、歴史軸と伝統産業軸をもとに「吉野・大峯」におけるアクターズネットワークを組織論として展開し、「極技アクター」と「イノベーションアクター」に触れて今後の可能性について述べた。

　八釣直己は第5章で、「吉野・大峯」を地区別に分析し、産業地として、あるい

は山と川の文化から見る「良き野」としてのトポスデザインを考察し、スロースタイルや長期滞在から永住への展開という視点を示した。

西久保智美は第6章で、周辺地域との連携構想について現状と今後の可能性、そのなかにおける吉野町の役割について言及した。

以上の各論考では、"憧れ"と"安らぎ"の聖地としての「吉野・大峯」というコンセプトに照らし合わせて、これからの地域ブランディングをめぐる様々な提案が出されている。問題は、以上の考察と論述を手掛かりにして、今後行政の現場でどのような現実的なシナリオを描き、誰が実行するのか、そしてプロデュースの体制はどうしていくのか、という点にある。

1. 歴史上の人物をアクターにする

演劇的な仕掛けを通じて、吉野をめぐる歴史上の人物にこの地への"憧れ"と、そこで感じた"安らぎ"を訪問客に語っていただくというアイデアは、どうであろうか。大海人皇子(天武天皇)、鸕野讃良皇女(持統天皇)、源義経、静御前、後醍醐天皇、西行法師、豊臣秀吉、本居宣長……。彼らがアクター＝案内人となり、それぞれの波乱万丈の物語を1人称で語っていただき、人々を「吉野・大峯」の世界へ誘うのである。吉野への訪問客である観衆は、現地を歩きながら歴史を追体験していく。そして地域全体で、その物語群を歴史絵巻として展開していくのである。全体をコーディネートする役はゆかりの深い「役行者」、あるいは吉野町のマスコットキャラクター「ピンクル」などという案が考えられるであろう。少し形は変わるが、期せずしてそのような試みがすでにはじまっている。それは「額田王と吉野」という朗読劇である。

吉野町では、宮滝の地で展開される歴史的魅力あふれる「古代の物語」の普及を、3つの方法で進めている。「古代の物語」をアレンジした書籍の作成、「古代の物語」を体感する朗読劇の実施、「古代の物語」の舞台である史跡の整備である。

書籍の作成はこれまでに2冊行っている。1冊目は、地元の子どもたちと奈良大学教授上野誠先生がコラボレートし、宮滝など吉野の魅力が歌われた『万葉集』の世界を絵本として再構成した『よしのよく見よ』(上野誠企画編集・吉野町、2011)である。2冊目は、女流万葉歌人として知られる額田王を主人公とした『額田王と吉野』(上野誠企画・吉野町、2012)である。

2011年に、女優の松坂慶子さんに『よしのよく見よ』を朗読していただいたのを嚆矢に、翌年には『額田王と吉野』の朗読劇を吉野で、翌々年には東京よみう

りホールで上演した。さらに現在、吉野町では、「古代の物語」の舞台となった史跡宮滝遺跡の整備計画を推進している。

朗読劇「額田王と吉野」

また、町内の女性のグループが人形劇団「カンブリア」として活動しており、『よしのよく見よ』を演目に加え上演している。人形は、地元の手漉き和紙を使った手作りの作品である。町が率先して紡ぎつつある吉野をめぐる新しい物語を、地元のお母さん方など女性たちが再生産し、地元の子どもたちに伝承してくれているのである。

人形劇団「カンブリア」

2. 現在の地域アクターたちの活躍とプロデュース体制

「吉野・大峯」で活躍するのは歴史上の人物ばかりではない。第4章で紙森が詳細に紹介している現在の吉野における地域アクターたち(祭りの担い手、寺衆、伝統産業の継承者など)がゆるやかなネットワークを組織し、地域の"憧れ"と"安らぎ"を演出している。その"憧れ"と"安らぎ"を深く体験するには、結論から言

うと、現地に来て感じることを繰り返していただくしかない。

　以下に、現在吉野で進行中のいくつかの事業を概観してみる。国栖の里観光協会が毎年夏に「ものづくり体験」を行っている。紙漉き、マイ箸づくり、ガラス工芸、陶芸など、本物の職人さんたちに学び体験する。参加者数は決して多くないが、伝統的な手仕事を通じて"憧れ"を味わうことはできるであろう。

　デザイナーの千田要宗氏のサポートによりはじまった「吉野山灯り」事業は、上市での「町あかり」も加わり10年続き、全国表彰まで受けた。吉野の木材、割り箸、和紙を用いて「灯り」をつくるコンテストで、地元の中学生も参加する。これが現在、国栖に移り「里灯り」事業となっている。木の温もり、和紙の暖かさを感じる素敵な"安らぎ"を体験してもらう事業である。

　「木の町プロジェクト」(貯木見学ツアーなど)は、「Re:吉野と暮らす会」と地域おこし協力隊が中心になって進めている。製材所を紹介する『ちょぼくブック』(ちょブック制作委員会・吉野スタイル、2014)の作成や中学校の机・椅子の製作、見学ツアーの開催などを行っている。

　2013年度よりスタートした「森林セラピー」は文字通り訪問者に自然のなかでの「癒し」を提供するものであり、順調に推移している。吉野ビジターズビューローに席を置く地域おこし協力隊が中心となり、美林案内人(セラピーガイド)がガイドをつとめる。森林のなかで「再生と再起」を促すツアーであり、リピーターも多い。

『ちょぼくブック』

森林セラピー

他にも吉野においては多種多彩な事業があるが、いずれにおいてもこの地への"憧れ"や"安らぎ"を体感していただくためのもの、という視点で捉え直すことが必要である。そして地域にどれだけの効果があるかを検証しつつ、旅行者に何度も訪れていただけるか、さらに言えば、長期滞在や移住の促進につながるかという目標を忘れてはいけない。

　「継続は力なり」とはいえ、少しずつでも効果がないと地域社会のモチベーションは下がる。続けるための方策、ネットワークづくり、環境整備などプロデューサーの果たす役割が大きい。

　原田はプロローグで、本書で地域ブランド戦略の研究と執筆に参加した吉野町のメンバーがプロデューサーとしての役割を果たす体制を構築したいという提案をしているが、それだけでは現実のプロジェクト遂行には不十分であろう。

　地域ブランディングは、まさに町民全体の意思として行っていく必要がある。そこで、町民や町職員の意識改革が重要となる。「自分たちの町は自分たちで創造していく」という覚悟と、「自分たちはこういう町を作りたい」というビジョンを明確にし、その上で行動を起こさなければならない。プロデュースに関しては、地域担当職員、地域自治協議会（未結成）、地域おこし協力隊、そして吉野ビジターズビューローなどで実動部隊を組織し、真正面から取り組む必要がある。

3. 吉野町の現状認識──将来を展望するために

　ここで話の方向を少し変えて、吉野町の現状と今後の動きにふれてみる。そのなかで、今まで考察してきたことがどのように繋がっていくのかを考えてみたい。

　吉野町は面積95.65平方キロメートル、人口約8200人（2014年）、高齢化率42%、年間の人口減少約200人（自然減100、社会減100）の町である。「日本創成会議・人口減少問題検討分科会」によれば、2010年からの30年間で、人口は8600人から3000人に減少し、特に若年女性（20代、30代の女性）人口は670人から105人に減少し、その減少率（84.4%）は全国第9位と指摘されている。このような状況のなか、本年（2014年）の重点事業は「吉野大峯世界遺産登録10周年事業」と「まちづくり基本条例策定事業」であった。

　前者は、外に向けて「吉野・大峯」の魅力をPRし、訪問客、ファンの増加を図るものであり、内には世界遺産の意義を理解していただき、故郷を誇りに思う気持ちを高めるものであった。

　後者は、吉野町の「自治」を規定する最高規範となるものの策定であり、行政

世界遺産登録10周年記念ブック

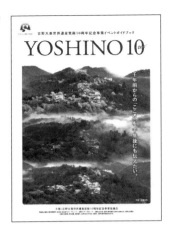

や議会の機能を体系化し、住民主体の住民自治や町民公益活動をまちづくりのなかに位置づけることによって、町民の町政への関心を高め、地域課題の解決に向けた多様な活動の展開を促すものである。町民全体の意識改革につながり、プロデューサー的活動実践の基礎になる。

　住民自治の一番の基礎となる自治会などの現状を把握するために、2014（平成26）年8月に1か月かけて全域で懇話会を開催した。地域差はあるが全体として思っていた以上に疲弊した閉塞感を感じ、旧小学校区単位での住民自治を進めるには工夫が必要だと感じた。合わせて、職員の地域担当制を充実させることも兼ねて開催したが、職員の姿勢が住民の方々へ寄り添った形になるのにも少々時間を要すと感じた。

　今後、「まちづくり基本条例」への理解を深めていただく努力を続けるとともに、職員の地域担当制を活用し、地域おこし協力隊や集落支援員の協力を得て、地域課題の解決に向けた多様な活動を展開しなくてはならない。そのようにして意識改革を進めることによって、住民自治を支援する活動実践の部隊が組織されてくるのではないだろうか。

　さて、前述の「日本創成会議」は「若年女性人口減少率」で「自治体の消滅可能性」を示している。吉野町は全国で9番目に消滅可能性が高いという指摘である。現実には起こりえないと信じているが、「消滅」という言葉には些か考える点がある。

　私には会社経営の経験から、「役に立たないものは消滅する」、「役に立っている間は消滅しない」という観念がある。世間の役に立っている会社は倒産しないものである。もちろん例外はあるが、役に立ってさえいれば不可抗力で一時的に業績が悪化しても、周りに助けてもらえるものである。

北岡篤

この論点から考えると、吉野町の「お役立ち度」が急速に減少していく、しかも全国で9番目の早さで減っていくことになるのであるが、果たしてそうなのであろうか。

　今回、本書の各論述において、「吉野の魅力」が様々な観点から述べられた。特に鈴木氏は、「桜」だけではない「聖地性」を核とした"憧れ"と"安らぎ"というキーワードは、今の時代にも訴求力をもつ強力なコンセプトになりうる、と指摘している。忙しない日常を生きる現代人にとって"安らぎ"は重要な価値であり、吉野のような聖地性の感じられる地を"憧れ"をもって訪れることによって、人々は明日への活力を得ることができるとも述べている。

　これこそが、吉野の「お役立ち」の姿であると考える。住んでいる人々自身が、自らの「お役立ち」をきちんと把握し、誇りをもつことが重要である。そして、その「お役立ち」を多くの人々に向けて提供し、感じていただければ、「吉野町」は消滅することはないであろう。

おわりに

　本書の企画は、私の中学高校の先輩である森川裕一明日香村長よりのお声掛けからはじまった。地域デザイン学会の監修で「飛鳥」で本を作ったから「吉野」でもどうか、と同学会の原田保会長を紹介された。「吉野」はすでに全国的な知名度もあり、いまさら地域ブランド戦略なんてと思いつつ半信半疑でお会いしたが、これからの地域社会をこのように捉えてはどうかと提案される内容の深さに驚かされた。カタカナの専門用語ばかりで閉口したが、いかに「吉野」という名前に胡坐をかいていたのかを痛感した。

　地元の執筆者として役場の若手の職員たちに声をかけた。日常業務に追われているなかでたいへん迷惑だったのではないかと危惧していたが、しっかりと論述してくれ、今後につながる良い経験をしてくれたと思う。現実に行政を進めている立場としては、机上の空論では何にもならない。本書が刊行された時が、「吉野・大峯」の地域ブランディングの真のスタートである。いや一部の取り組みは、もう既に現実に動きはじめているのである。

　エピローグを執筆するためにあらためて本書を通読すると、これまで行政としていろいろと推進してきた事業がすべて関連性をもってつながっていくことが面白かった。これこそが星と星とを結びつけ、星座を描き、物語を紡いでいく地域デザインの方法、すなわち本書でいう「コンステレーション（＝星座）デザイン」

なのだと実感している。
　地域デザイン学会の原田保会長はじめ多くの皆様に感謝申しあげ、現実の行政のなかで地域ブランド戦略を押し進め、「吉野・大峯」を地方創生の時代と言われる今日の日本社会でひときわ大きく輝く星座となしていくことで、皆様のご厚意と期待におこたえしていきたいと思う。

吉野町に関する基本情報

　吉野町は、1956（昭和31）年に旧吉野町、上市町、中荘村、中龍門村、国樔村、龍門村が合併して生まれました。奈良県の中央部、吉野郡の北部にあって、町の中央部を東から西に吉野川が流れています。町域の一部は吉野熊野国立公園、吉野川・津風呂県立自然公園に指定されており、全国的には吉野山の桜で有名です。春には豪華絢爛しかも気品に富む桜が咲き乱れ、人々の心を魅了します。また、「吉野」は、古くは『古事記』、『日本書紀』、『万葉集』にも記述があり、歴史の大きな舞台にも幾たびか姿を現してきました。後に天武天皇となった大海人皇子が壬申の乱の前に吉野に身を潜め、平家を討った源義経が兄頼朝に追われて吉野に逃げ込み、北条氏の鎌倉幕府を倒して建武の中興を遂げた後醍醐天皇が南朝の拠点として選んだのも吉野です。一方、吉野林業地帯の一部を構成している吉野町は、その地理的条件から吉野材の集散地として発達し、全国に銘木吉野材を供給してきました。この吉野材の端材を加工して割り箸の生産も盛んで、香りの良さと爽やかな音をたてて真二つに割れるのが特徴です。その他の特産品としては、手漉き和紙、柿の葉ずし、吉野葛等があり、全国的に有名です。

1. 地勢

　吉野町は、奈良県中央部、吉野郡の北部にあって、町の中央を東から西に吉野川が流れ、北には竜門山地が横たわり、南は紀伊半島を縦走する大峰山脈の起点となっており、町域の一部は、吉野熊野国立公園、吉野川津風呂県立自然公園に指定されている山紫水明の地です。

　また、2004（平成16）年7月には、金峯山寺蔵王堂をはじめとする吉野山の神社仏閣や桜、大峯奥駈道などの文化的景観が世界遺産登録を受けました。

2. 地理

面積95.65平方キロメートル

東西14.9キロメートル、南北13.2キロメートル

最高標高904.1メートル（竜門岳）

3. 人口

8642人（男：4003人／女：4639人）

(2010（平成22）年国勢調査)

4. 産業別就業者数

	第1次産業	第2次産業	第3次産業
1985（昭和60）年	683人	2533人	3710人
1990（平成2）年	427人	2494人	3403人
1995（平成7）年	309人	2156人	3322人
2000（平成12）年	299人	1871人	3070人
2005（平成17）年	194人	1560人	2621人
2010（平成22）年	223人	1235人	2288人

5. 産業分類別事業所数及び従業者数

	事業所数	従業者数
農林漁業	5	31
建設業	116	436
製造業	230	1156
電気ガス水道業	1	11
運輸通信業	16	75
卸売小売業	238	724
金融保険業	8	57
不動産業	17	20
サービス業	302	1777
公務	16	285

6. 指定文化財件数

◎国指定

国宝（建造物）	2
国宝（彫刻）	1
国宝（考古資料）	2
重文（建造物）	4
重文（絵画）	7
重文（彫刻）	11
重文（工芸品）	10
重文（書籍典籍）	8
重文（考古資料）	2
史跡	3
名勝	1
天然記念物	1
無形民俗文化財	1
選定保存技術	3
登録建造物	37

◎県指定

有形（建造物）	1
有形（絵画）	1
有形（彫刻）	5
有形（工芸品）	1
有形（古文書）	1
有形（考古資料）	1
史跡	1
名勝	1
天然記念物	6
無形文化財	3

◎町指定

有形（彫刻）	1
有形（古文書）	2
無形文化財	5

吉野町関連年表

	吉野首の祖・井光（井氷鹿）並びに国栖の祖・石押分の子が現れる。（古事記・日本書紀）
	応神天皇・雄略天皇が吉野に行幸。
656年	斉明天皇が吉野宮を造営。
671年	大海人皇子が吉野に入る。
672年	大海人皇子が近江に討って出る（壬申の乱）。
679年	天武天皇と皇后や皇子たちが吉野の盟約を行う。
698年	文武天皇が馬を吉野水分神に差し上げ雨を祈る。
699年	役小角（行者）が伊豆に流される。
716年	この頃芳野監が設置される。
743年	聖武天皇が大仏を造るための金鉱を金峯山へ求めさせる。
836年	金峯山が七高山の1つに数えられ尊ばれる。
895年	聖宝が金峯山を再興し山上に蔵王権現などを祀る。
898年	宇多上皇が金峯山に参詣。
916年	日蔵道賢が吉野山で出家し金峯山中で修行。
1007年	藤原道長が金峯山に参詣。
1049年	藤原頼通が金峯山に参詣。
1076年	白河天皇が吉野山石蔵寺宝塔の発願供養。
1088年	藤原師通が金峯山に参詣（1090年にも）。
1092年	白河上皇が金峯山に参詣。
1140年	平忠盛が金峯山に大鐘を寄進供養する。
	この頃西行が吉野山に住み大峯で修行。
1185年	源義経が吉野に入る。
1225年	高野の僧兵によって蔵王堂が焼かれる。数百人の吉野大衆が入京し強訴。
1332年	大塔宮護良親王が吉野を城塞化し鎌倉倒幕の兵を挙げる（元弘の変）。
1333年	鎌倉幕府軍が吉野に押し寄せ吉野山が全焼。
1336年	後醍醐天皇が吉野に入り行宮を置く（吉野朝のはじまり）。
1339年	後醍醐天皇が吉野にて崩御、後村上天皇が即位。
1347年	楠木正行が後村上天皇に最期の拝謁をし四条畷に出征。
1348年	足利尊氏の高師直軍が吉野に押し寄せ行宮をはじめ吉野山を焼く。
1351年	南北朝が和解し南軍が京に入るも、まもなく和約が破られ後村上天皇は賀名生に還る。

1368年	後村上天皇が住吉で崩御、長慶天皇が即位。
1376年	長慶天皇が如意輪寺で法要を勤め歌合わせなどを行う。
1383年	長慶天皇が退位、後亀山天皇が即位。
1392年	南北朝が和解し、後亀山天皇が後小松天皇に譲位。
1553年	称名院公条が吉野山で花見をし『吉野詣記』を著す。
1579年	末吉勘兵衛が吉野山に1万本の桜を寄進。
1592年	現在の蔵王堂が再建される。
1594年	豊臣秀吉が5000人の家来を引き連れ、吉野山で大花見を行う。
1595年	豊臣秀吉が金峯山寺に領地を1013石2斗寄進。
1614年	江戸幕府が吉野山を南光坊天海の支配下に置く。
1667年	熊澤蕃山が吉野山に潜む。
1680年	水戸光圀が『大日本史』の史料を吉水院に求めた。
1684年	松尾芭蕉が吉野を訪れる(1688年にも)。
1696年	貝原益軒が吉野に遊び『和州巡覧記』を著す。
1772年	本居宣長が吉野を訪れる(1799年にも)。
1819年	頼山陽が母とともに吉野へ花見に訪れる(1827年にも)。
1868年	神仏分離の令が吉野山にも届く。
1872年	修験道が廃止され、吉野山の修験寺院は全て廃寺とされる。
1888年	金峯山寺が天台宗として仏寺に復興する。
1894年	吉野山が県立公園となる。
1912年	吉野口から吉野(現在の六田)まで軽便鉄道が開通。
1924年	吉野山が史跡名勝に指定される。
1928年	鉄道が現在の吉野駅まで延長され、翌年ケーブルが開通。
1936年	吉野山が吉野熊野国立公園に指定される。
1956年	6か村が合併して現在の吉野町ができる。
1957年	宮滝遺跡が史跡に指定される。
1962年	津風呂ダムが完成する。
1972年	吉野川津風呂県立自然公園が指定される。
2004年	「紀伊山地の霊場と参詣道」が世界遺産に登録される。

執筆者紹介

原田保　はらだたもつ
地域デザイン学会長、コンテクストデザイナー、ビジネスプロデューサー。多摩大学大学院経営情報学研究科客員教授、文化学園大学特任教授。1947年生まれ。早稲田大学政治経済学部卒業後、西武百貨店に入社。同百貨店取締役、香川大学教授、多摩大学教授、ハリウッド大学院大学教授などを歴任。共著に『スロースタイル』(新評論)、『地域ブランドのコンテクストデザイン』(同文館出版)、『地域デザイン戦略総論』、『奈良のコンステレーションブランディング』、『海と島のブランドデザイン』、『飛鳥　時空間ブランドとしての飛鳥劇場』、『世界遺産の地域価値創造戦略』(以上、芙蓉書房出版)他多数。

北岡篤　きたおかあつし
吉野町長。1956年生まれ。東京大学農学部卒。

　　　　　　　　　　　　　　　*

椿本久志　つばきもとひさし
吉野町役場文化観光交流課主査。1974年生まれ。大阪経済大学経営学部経営情報学科卒業。

紙森智章　かみもりちあき
吉野町役場総務課課長補佐。1968年生まれ。大阪芸術大学芸術学部舞台芸術学科卒業。

古賀文子　こがあやこ
一般社団法人吉野ビジターズビューロー(吉野町地域おこし協力隊メンバー)。1979年生まれ。関西外国語大学外国語学部英米語学科卒業。

鈴木敦詞　すずきあつし
りんく考房代表、芝浦工業大学デザイン工学部非常勤講師。1963年生まれ。多摩大学大学院経営情報学研究科修士課程修了。共著に『温泉ビジネスモデル』(同文館出版)、『奈良のコンステレーションブランディング』、『飛鳥　時空間ブランドとしての飛鳥劇場』、『海と島のブランドデザイン』(以上、芙蓉書房出版)他。

武中千里　たけなかちさと
NHK編成局コンテンツ開発センター・チーフ・プロデューサー。1960年生まれ。慶應義塾大学経済学部卒業後、NHKに入局。「くらしの経済」、「クローズアップ現代」、「NHKスペシャル」などを制作。奈良放送局放送部長、広報局制作部長を経て、現在「COOL JAPAN～発掘！ かっこいいニッポン～」、「世界遺産」、「きらり！ えん旅」他を制作。共著に『奈良のコンステレーションブランディング』、『飛鳥　時空間ブランドとしての飛鳥劇場』(以上、芙蓉書房出版)。

八釣直己　やつりなおき
吉野町役場町民課主査。1983年生まれ。関西大学法学部卒業。

西久保智美　にしくぼともみ
吉野町役場文化観光交流課嘱託員(吉野大峯・高野観光圏協議会地域コーディネーター)。1975年生まれ。帝塚山短期大学文芸学科日本文芸専攻卒業。共著に『なら工房街道』(ビレッジプレス)、『登録有形文化財藤岡家住宅』(京阪奈情報教育出版)、『なら記紀・万葉名所図絵——古事記こども編』(奈良県)。

監修者

地域デザイン学会
2012年設立。地域振興や地域再生を、コンテンツではなく、知識や文化を捉えたコンテクストの開発によって実現することを指向し、学際的、業際的な地域デザインを知行合一的に推進しようとする学会。

  事務局 〒107-0052 東京都港区赤坂8-5-26赤坂DSビル4階
      一般社団法人ソーシャルユニバーシティ気付
      http://www.zone-design.org/

地域ブランディング選書1

吉野・大峯──"憧れ"と"安らぎ"の聖地ブランド

2015年3月31日初版第1刷発行

  編著者 原田保・北岡篤
  監修者 地域デザイン学会(会長 原田保)

  発行・発売 空海舎
   〒760-0052 香川県高松市瓦町1-12-28平田ビル2F
   株式会社瀬戸内人内
   電話&ファックス 087-887-3221

    装丁 納谷衣美
    協力 田中敏雄、池田淳
   印刷製本 株式会社シナノ

     ©Harada Tamotsu／Kitaoka Atsushi, 2015
     Printed in Japan
     ISBN 978-4-908315-01-5 C0030